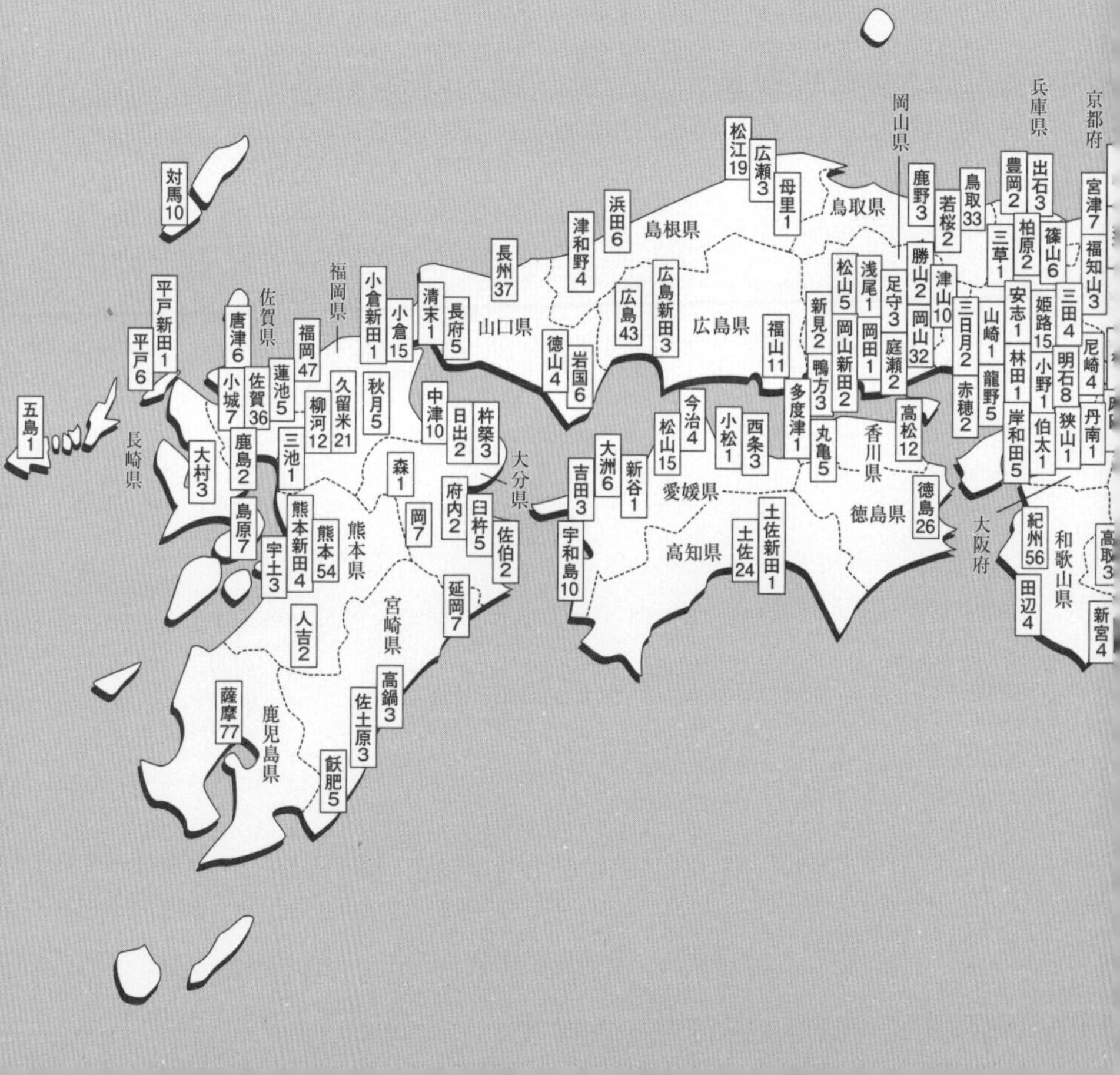

対馬10
平戸新田1
平戸6
五島1
長崎県
佐賀県
唐津6
小城7
佐賀36
蓮池5
福岡県
福岡47
柳河12
久留米21
小倉新田1
小倉15
秋月5
三池1
鹿島2
大村3
島原7
宇土3
熊本新田4
熊本54
熊本県
人吉2
宮崎県
薩摩77
鹿児島県
佐土原3
高鍋3
飫肥5
延岡7
佐伯2
臼杵5
府内2
岡7
森1
大分県
中津10
日出2
杵築3
清末1
長府5
山口県
長州37
津和野4
浜田6
島根県
徳山4
岩国6
広島43
広島新田3
広島県
松江19
広瀬3
母里1
鳥取県
福山11
今治4
松山15
小松1
西条3
大洲6
新谷1
吉田3
宇和島10
愛媛県
高知県
土佐24
土佐新田1
多度津1
丸亀5
香川県
高松12
徳島県
徳島26
岡山県
新見2
松山5
浅尾1
足守3
岡田1
岡山新田2
鴨方3
庭瀬2
岡山32
鹿野3
若桜2
勝山2
津山10
鳥取33
三日月2
赤穂2
山崎1
龍野5
兵庫県
豊岡2
出石3
柏原2
篠山6
三草1
安志1
姫路15
林田1
小野1
明石8
三田4
尼崎4
岸和田5
伯太1
狭山1
丹南1
京都府
宮津7
福知山3
大阪府
紀州56
和歌山県
田辺4
高取3
新宮4

シリーズ藩物語

松本藩

田中薫……著

現代書館

プロローグ

松本藩物語

松本藩八万石（十万石とも）は、本州中央高地の中央に開けた盆地、豊かな安曇野《あずみの》や筑摩野《ちくまの》の地にあって、南北はもとより東国・西国の間に立って戦略上極めて重要な位置にあった。

秀吉の関東包囲網の一翼を担った石川氏は、現在の国宝松本城をそうした戦略上の要として築城した。

徳川の時代になると、今度は逆に西側への備えとして家康配下の小笠原・戸田・松平・堀田の親藩・譜代の諸大名が次々と配置されてきた。家康の孫松平直政《なおまさ》は、城に辰巳附櫓《たつみつきやぐら》と月見櫓《つきみやぐら》を増築して連結複合式の松本城を完成した。

その後の水野氏の八十三年間は、藩政の仕組みを整え、圧政にはしって貞享騒動《じょうきょうそうどう》を呼び起こしたが、その後は善政に転じ、神輿《みこし》の寄進を手始めに、能や狂言、五節句の飾りや茶道から歌や俳句など

藩という公国

江戸時代、日本には千に近い独立公国があった

江戸時代。徳川将軍家の下に、全国に三百諸侯《しょこう》★の大名家があった。ほかに寺領や社領、知行所《ちぎょう》★をもつ旗本領《はたもとりょう》などを加えると数え切れないほどの独立公国があった。そのうち諸侯を何々家《け》家中《かちゅう》と称していた。家中は主君を中心に家臣が忠誠を誓い、強い連帯感で結びついていた。家臣の下には足軽《あしがる》層《そう》★がおり、全体の軍事力の維持と領民の統制をしていたのである。その家中を藩と後世の史家は呼んだ。

江戸時代に何々藩と公称することはまれで、明治以降の使用が多い。それは近代からみた江戸時代の大名の領域や支配機構を総称する歴史用語として使われた。その独立公国たる藩にはそれぞれ個性的な藩風《はんぷう》と自立した政治・経済・文化があった。幕藩体制とは歴史学者伊東多三郎《いとうたさぶろう》★氏の視点だが、まさに将軍家の諸侯の統制と各藩の地方分権が巧く組み合わされていた、連邦でもない奇妙な封建的国家体制であった。

今日に生き続ける藩意識

明治維新から百三十年以上経っているのに、今

と江戸や京都の諸芸を導入し、後の松本の文化に果たした役割は極めて大きい。「古きを考え、今を知る」地歴書『信府統記《しんぷとうき》』の編纂を命じたのは、五代目藩主の忠幹《ただもと》であった。

水野氏は、江戸城松の廊下での刃傷という不幸な事件によって改易された。その後には、豊かな松本への復帰を願った戸田氏が入ってきた。戸田氏は、終始朱子学を藩是《はんぜ》とした。

初代光慈《みつちか》は、民政にあっては、人倫の道を基本に、父たるもの、母たるもの、兄たるもの、子たるものなどとそのあり方を説き、更に立項して鰥寡《かんか》★・孤独・廃疾などの弱者救済を願った。この民政は、多くの名君を生み出し民心をとらえてきた。特に寛政の改革では、その理念を社会政策の実現に結びつけていった。

しかし、幕末になるにつれ財政に苦しむ一方、藩政は身分制度の旧弊に縛られ、開明的な諸士や下級武士層を活かした進歩の改革は遂行できなかった。そのため諸般において遅れをとった。

松本城は松本のシンボル。歴代藩主二二人の趨勢を追って、その人柄やエピソードも盛り込みながら、見過ごされてきた家中改革や家臣団の動向を主題に据えて描いてきた。松本藩の歴史も足軽や火消組織、諸事件なども諸局面において検討した。

でも日本人に藩意識があるのはなぜだろうか。明治四年（一八七一）七月、明治新政府は廃藩置県《はいはんちけん》★を断行した。県を置いて、支配機構を変革し、今までの藩意識を改めようとしたのである。ところが、今でも、「あの人は薩摩藩の出身だ」とか、「我らは会津藩の出身だ」と言う。それは侍出身だけでなく、藩領出身も指しており、藩意識が県民意識をうわまわっているところさえある。むしろ、今でも藩対抗の意識が地方の歴史文化を動かしている。そう考えると、江戸時代に育まれた藩民意識が現代人にどのような影響を与え続けているのかを考える必要があるだろう。それは地方に住む人々の運命共同体としての藩の理性が今でも生きている証拠ではないかと思う。

藩の理性は、藩風とか、藩是《はんぜ》とか、ひいては藩主の家風ともいうべき家訓などで表されていた。

（稲川明雄）

諸侯▼江戸時代の大名。
知行所▼江戸時代の旗本が知行として与えられた土地。
足軽層▼足軽・中間・小者など。
伊東多三郎▼近世藩政史研究家。東京大学史料編纂所所長。
廃藩置県▼藩体制を解体する明治政府の政治改革。廃藩により全国は三府三〇二県となった。同年末には統廃合により三府七二県となった。

▶**鰥寡**＝妻を失った男と夫を失った女。

シリーズ藩物語 松本藩 ―― 目次

第四章　寛政・化政・天保の諸改革

寛政の新条目とは。立て続けの改革で藩政を保つ。

第五章 松本藩の幕末・維新

迷い続けた藩政であった。出遅れて失った文化財は大きかった。 167

松本市街

囚われ桜

松本城

松本市街

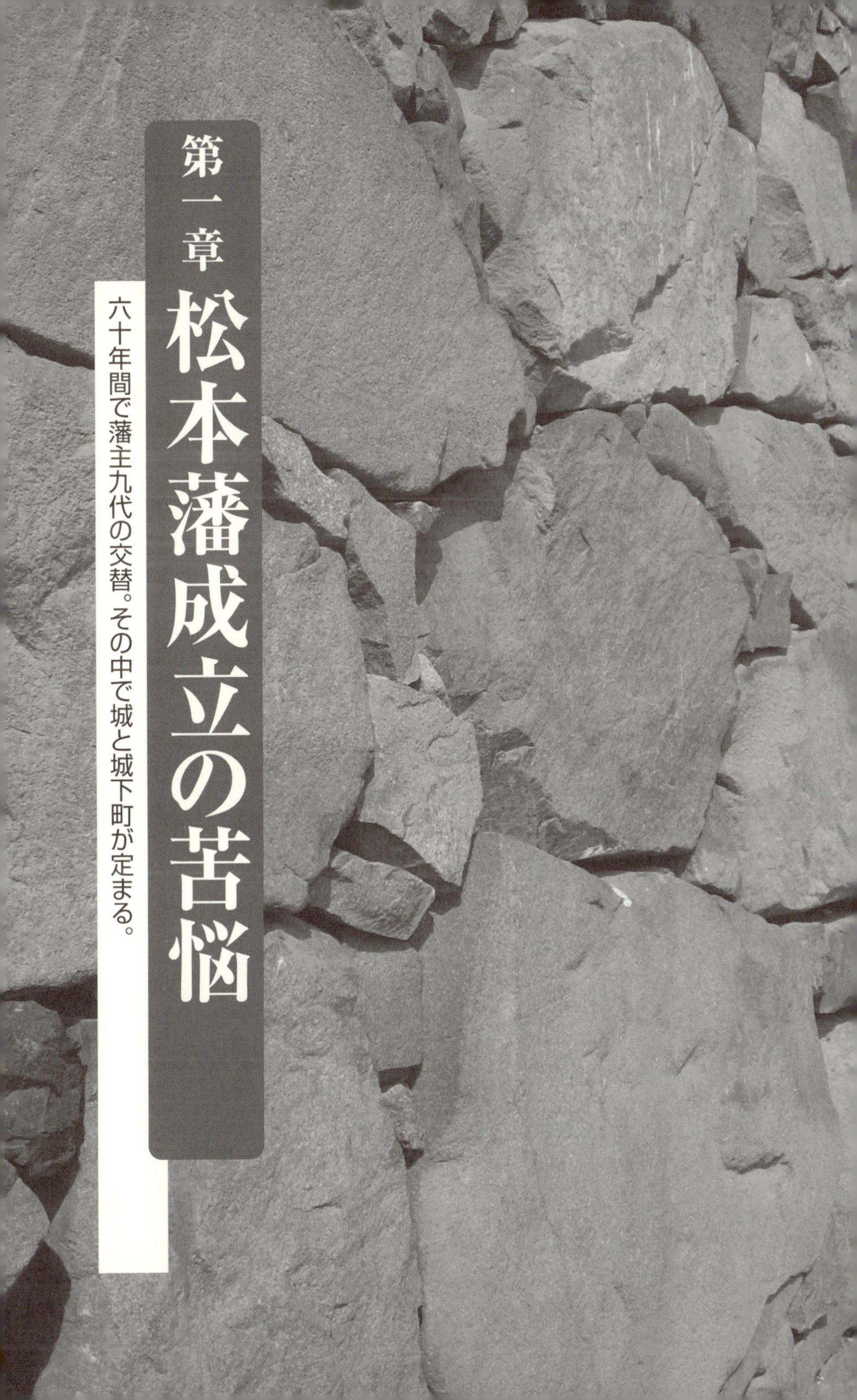

第一章 松本藩成立の苦悩

六十年間で藩主九代の交替。その中で城と城下町が定まる。

①小笠原貞慶の時代

信長自刃の後、空白地帯となった安曇・筑摩の地侍たちは、小笠原貞慶をこの地に迎える。貞慶は深志城を松本城と改め、統一活動を進めるが、その独善的な行為が強まるにつれ、譜代らから見放され、結局息子秀政にその地位を譲る。

安筑地侍らによる主君選び

松本領（藩）は、小笠原貞慶《さだよし》が、旧領に復したときから始まる。

松本地方は、守護の小笠原氏が去った後は、長く武田氏の支配下におかれてきた。天正十年（一五八二）三月、武田が信長に追われてからは、信長の知行をうけて木曾義昌が松本に入ったが、六月の本能寺の変で信長が自刃すると、後ろ盾を失った木曾氏に力はなく、松本は空白地帯となり、再び戦乱の世の中に逆戻りしてしまった。

北からは上杉景勝、南からは徳川家康、東からは北条氏政がねらっていた。所領安堵という勧誘の手が地侍たちに次々と伸びてきた。

松本地方では、城持ち、館持ちの地侍たちが一気に自立に向けて動き出した。主立った地侍たちの相談が始まった。自分たちの国主を誰にするかを選ぶためで

小笠原家家紋三階菱

あった。この様子を『信府統記《しんぷとうき》』は「木曾に属するにあらず、越後の景勝に入るるもあり、家康公へ志ある輩も多し」と伝えている。

結局選んだのは、今では全く力を持たない旧主の小笠原氏であった。小笠原氏なら文句ないとして、小笠原氏直系の長時《ながとき》★の弟洞雪《どうせつ》（貞種《さだたね》）が上杉景勝《かげかつ》のもとにいることがわかると、早速洞雪に使いを立てた。洞雪は、景勝の支援によって家臣の梶田・八代の両将と二〇〇騎の兵に守られて府中に入った。洞雪らは城北の岡田村に陣をかまえ、地侍らが先鋒となって、深志城（のちの松本城）にいる木曾義昌を攻め落とし七月二日深志城に入った。

ところが、洞雪は、全く主体性がなく梶田と八代の言いなりであった。これを見た地侍たちは、「梶田と八代は、洞雪をないがしろにして邪曲《じゃきょく》★のこと多く、輿《よ》望《ぼう》★に違いければ」（笠系大成『信濃史料』一五巻）として、洞雪をあきらめた。

彼らは、三河の家康のもとにいた長時の息子貞慶《さだよし》を捜し当て、住吉荘の地侍二木氏が密議の上二人の使者を送った。それより前の六月、貞慶は再び本意を遂げようと密かに松本をおとずれ、三村勘兵衛などに働きかけたが相手にされず「時いまだいたらず」とあきらめていた（『新訂寛政重修諸家譜』）。

そこに降ってわいたこの呼びかけで、貞慶はいさんで馳せ参じた。途中伊那の下條や箕輪氏を誘って塩尻に着くと、迎えに出ていた二木一門をはじめ溝口・犬甘・茂呂・平林・三村・志津野氏ら小笠原譜代一四、五人が加わった。出川に着

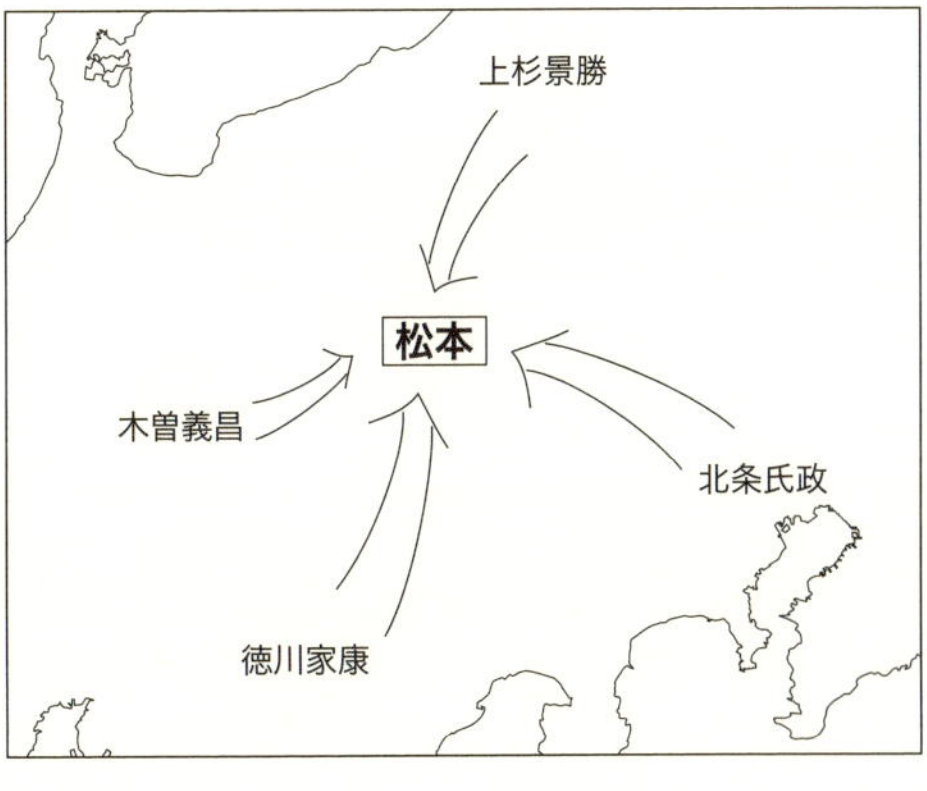

松本地方をねらう諸勢力

▼小笠原長時
信濃守護。武田信玄に敗れ、京都・越後・会津などを流亡。

▼邪曲
よこしま。

▼輿望
世間一般の人気。

く頃には二〇〇〇人にも達していたという。

天正十年七月十六日、彼らはこの力を以って深志城に攻め込んだ。敵味方、討ち死にの者がたくさんでたが、たちまち三の丸、二の丸を落とし入れ、残るは本丸のみとなった。洞雪らは上杉の援軍をえられず、夜に入って、居残った城中の地侍らは評議した。「小笠原氏は敵方にあらず、信濃源氏の家なれば主に仰ぐも不足なし」（『信府統記』）とか「貞慶こそが小笠原の総領であり、お互いに遺恨もないこと」という外からの説得もあって、翌日七月十七日に城明け渡しとなった（『寛永諸家系図伝』三八）。

洞雪にかわって深志城に入った貞慶は、父長時が城を追われてから三十三年目、このとき深志城の名を「松本城」に改めた。

安曇・筑摩両郡統一への歩み

しかし、貞慶《さだよし》の本意がなったとしても、それは「城廻りばかり」（『二木家記』）にすぎなかった。譜代の中にも力をもたない貞慶に従わない者もあり、世間の様子を見守る者、静観する者いろいろであった。事実木曾氏は、八月九日には家康と結んで所領を安堵され、旧領松本の復活をめざして塩尻の本山筋にまで攻め込んでいたのである。

二木氏ら譜代衆は、直ちに妻子を本城に呼び入れて城下への集住をすすめ、知行割りを行い、生死を共にする共同体の軍団を編制した（「岩岡家記」）。

七月から十二月にかけて、地侍らに向けて所領安堵状や宛行状を連発している。現在残っているものでも一九状確認されている（『信濃史料』）。さらに続けて、若沢寺・西福寺・長興寺・広沢寺・宝積寺・金松寺など主だった寺院にも寺領安堵をすすめていった。

そして、貞慶は、木曾氏と結んだ家康と離れ、安曇・筑摩両郡の一円支配に積極的に取り組んだ。八月には木曾勢を追い払い、九月には犀川筋の日岐氏を苦戦の末に落とし入れた。北方は沢渡十人衆や千国十人衆に所領を安堵して警戒に当たらせている。

一方、天正十一年（一五八三）二月には、突如として稲倉の赤沢氏を切腹させ、古厩氏と塔原氏など二〇人あまりを逆心ありとして誘殺した。これより先、大文字一揆以来の「遺恨少なからず」とする因縁で敵対関係の西牧は逃亡し、洗馬の三村織部は木曾氏に降《くだ》った。これらの事件は武田氏に走った逆心行為を根に持った貞慶の直情的な性行によるものではなかったか。貞慶が表立つほどに、こうした態度が際だってきた。

両郡統一の詰めは、まだ上杉の支配下にあった筑摩郡の西部、筑北地方には会田・青柳・麻績の諸氏らがいた。天正十年十一月会田攻略で青柳氏も麻績氏も一

所領安堵状の例（『信濃資料』一五巻）
小笠原貞慶、小林勘右衛門等ヲシテ、筑摩郡栗林北方ノ地等ヲ安堵セシム、尋イデ、穂苅太郎左衛門等ニ所領ヲ宛行ウ

【新編会津風土記】三
栗林北方宜（定）納百貫文之所、如持来候、相違（有脱カ）間敷候、以此旨、可抽忠信候者也、仍如件
天正十壬午七月廿七日
（小笠原）貞慶　花押
小林勘右衛門との

【穂苅文書】
花押（小笠原貞慶）
宮渕之郷百貫之内五拾貫文、并小瀬百貫之内五拾貫文、合百貫之分出置候了、以此旨、可抽忠信候、又屋敷之儀者、同名内記屋敷・門屋敷共ニ出者也、仍如件
天正十壬午七月廿八日
穂苅太郎左衛門

所領安堵状

度は貞慶側についたが、翌年四月再び上杉軍の侵攻にあって落城した。天正十二年の春、この時は貞慶自らの出陣で再び筑北地方に攻め入るが、深入りしすぎて大敗し、多くの犠牲者を出してしまった。四月再び攻め上って青柳・麻績の攻略に成功した。気をよくした貞慶はさらに続けて川中島への侵出を企てたが、準備のない出陣だとして部下から強く諌められて手を引いた。

一志茂樹は、この筑北地方の考察において「ここにも貞慶の性急な非人情的な一面がよく伺われる」と貞慶の人柄を厳しく分析している（一志茂樹『筑北地方の諸城趾』）。

その後の筑北地方は、青柳氏が領有をまかされて小康状態が続いた。

貞慶から秀政への確執（首の挿げ替え）

天正十一年（一五八三）、貞慶の力を見た家康は、小笠原氏の安筑一円領主の地位を認め始めた。貞慶が、世継ぎの幸松丸（のちの秀政《ひでまさ》）を、家康の人質として与えると、家康は幸松丸を石川数正に預けた。ところが、数正は、天正十三年（一五八五）十一月十三日突如幸松丸をつれて、家康から離れて秀吉のもとに走った。そのため貞慶もまた家康のもとを離れた。

翌年天正十四年十月、秀吉と家康の和議が成立すると、天正十五年正月には貞

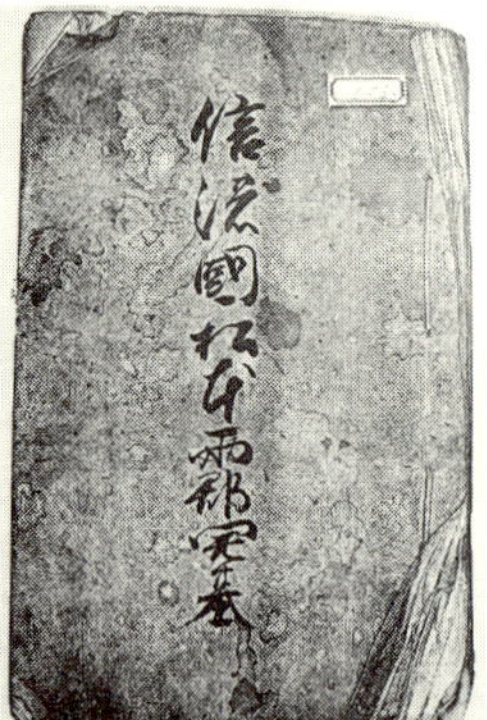

村の歴史家たちが書いた「松本両郡開基」（平林とも子家文書）

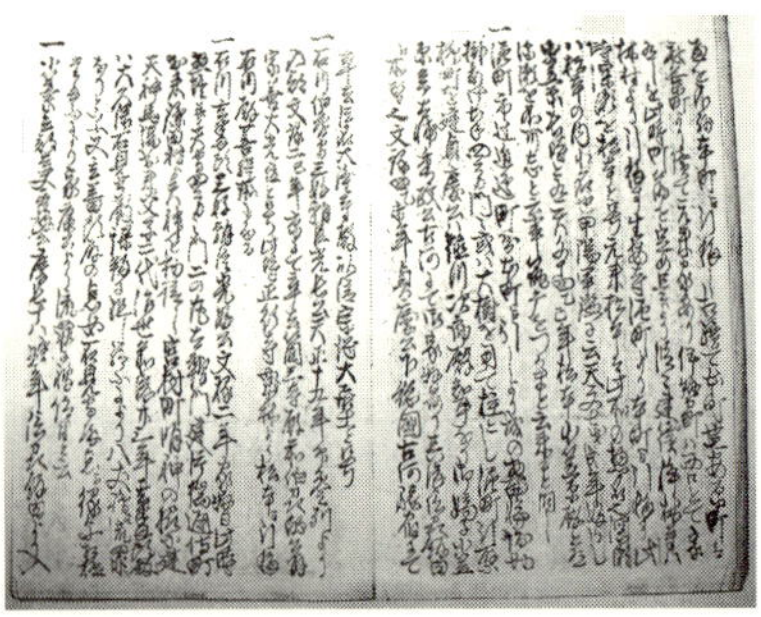

「松本両郡開基」

慶も上洛して秀吉と謁見《えっけん》の手はずとなった。

　この場面の『信府統記』の記事が面白い。『信府統記』はその編纂にあたって、村々にある諸記録を集め、当時の村人たちが伝える歴史の研究書を取り入れて、ここを書き込んでいる。秀吉と謁見するにあたって貞慶はいう、

「貞慶の曰《いわ》く、彼（秀吉）は元来凡下卑賤の人、一旦果報ありて高位に上り、天下を支配すといえども、我が家は源姓にて家高なれば、彼の猿冠者が下知にしたがい、手を拱《こまね》き腰を屈せんこと思いもよらずとありし程に、家老の臣ら諫めて、今や日本国中において秀吉公の威風にはなびかぬ草木もなし、当家は絶えたるを取り立て中興開基し給い、重ねて滅ぼされんこと是非には及ばざる次第なりと、言葉を尽くせども承引なし」

　この偏狭な貞慶のありようを見て、家老たちは「重ねて滅ぼされんこと」を憂い、しかたなく「貞慶は病気と称して国にとどめ、秀政を名代として、聚楽に至らしむ」と、秀政が代わって謁見に及んだという。もはや貞慶ではやっていけないとして、家臣らによって首の挿《す》げ替えが行われたわけである。真偽はともかくとして、こうした状況にあったことは確かであろう。

　天正十五年（一五八七）九月、悲惨な事件が起こった。筑北《ちくほく》★を任《まか》されていたの青柳頼長が、貞慶の召出しによって松本城に出向いたところ、城内の邸宅古山寺あたりで突然の襲撃にあって殺害された。同時に青柳城も攻められ一族は滅ぼされ

▼筑北
現在の筑北村、麻績《おみ》村地域を指す。

た。この謀殺について、一志茂樹は次のように言う。「貞慶の人となりが偏狭にして残忍、人を用いることを知らないその人物に接して、青柳氏も恐らく反感を抱くようになったのではなかろうか」（『筑北地方の諸城趾』）と、貞慶の猜疑《さいぎ》心によって、青柳氏は非業の最期を遂げたものと結んでいる。

天正十五年三月、小笠原氏は秀吉の口添えによって家康の配下に入り、天正十六年十二月には、秀吉の命によって秀政が家督を相続し、貞慶は隠居の身となった。そして翌天正十七年の正月、家康から安筑《あんちく》二郡★の所領が安堵された。このとき貞慶四六歳、秀政二〇歳であった。八月には家康の孫（家康の長男信康の娘）福姫が秀政に嫁し、小笠原氏は徳川の譜代としての地位を獲得した。

▼**安筑二郡**
安曇と筑摩の二郡。

小笠原氏の略系図

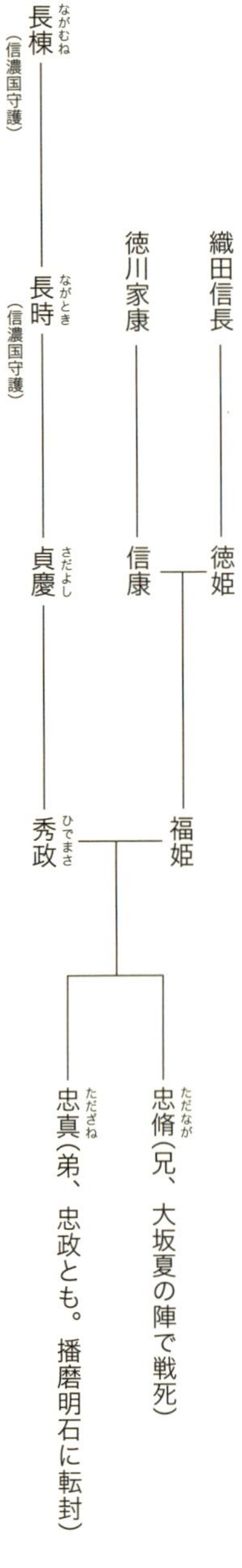

これも松本

金箔瓦で競った江戸包囲網

松本は、南北はもとより東国・西国の中間にあって戦略上においても極めて重要な位置にあった。それを示すのが金箔瓦である。

金箔瓦は、松本城では太鼓門の石垣近くからその一片が出土している。そのほか信州では上田城や小諸城で出土し、隣県では甲府城をはじめ沼田城・駿府城・岐阜城で確認されている。

この中で特に注目されたのは、金箔付きの板瓦で、秀吉のもちいた五三の桐紋がかたどられている桐紋瓦である。菊と桐紋は、天正十九年(一五九一)に秀吉によってかつてに使うことが禁止され、それ以来利用する時には秀吉の許可が必要であった。それまでは戦国大名らは独自に天皇や将軍に接近して、官位の叙任や菊・桐紋の使用が認められていた。しかし、秀吉はこの利用権を独占して、政権内の諸大名の家格や親疎の区別をはかったのである。金箔瓦は秀吉政権の象徴となるとともに、その政治的地位の高さをしめす指標となった。

したがって、この金箔瓦出土の諸城をつなげていくと、秀吉の関東包囲網の態勢が見えてくる。上野・信濃・甲斐・駿河と結ぶこの線を、東の徳川家康に対する包囲網として位置づけ、その主要な拠点に、金箔瓦の使用を認めて力の誇示をはかったのである。松本はその拠点の一つであった。

秀吉のみか、逆に家康もまた西への視点に立って、この松本を、有力な親藩・譜代の城としている。

松本城から出土した金箔瓦

「松本」という名の歴史研究

近世の村の歴史家たちが書き残した歴史書には、「安筑開基」とか「深瀬開基」「松本両郡開基」「松本城主記」などという名で沢山の書が残されている。ここでは「松本」名称の由来について論争している。

小笠原貞慶が「松本城」と命名したことは確かであるが、その由来は、「待つこと久しくして本懐を遂げた」ので、この「待つ」と「本」をとって「松本」としたとか、深志の小笠原は伊那松尾小笠原の本家であるので、松尾の「松」と本家の「本」をとって「松本」としたとか、それとは離れて松本某の城跡であったからとか、この地の開発者の名前であったとかいろいろ諸説は分立している。

「信濃国安筑開基」や「松本城主記」などは、「元来、松本はこのところの惣名なり、深瀬は松本の内の小名なり、甲陽軍鑑に曰く、天文七年戊戌年ふかし小笠原長時とあり、天文十四年乙巳年松本小笠原殿とあり」と、『甲陽軍鑑』を引き合いに出して、松本名はこの地の惣名であったと立論している。

『甲陽軍鑑』は、近世になってからの創作的変容も見られることから、にわかには信じがたいが、「松本」名はかくも古くからの歴史研究の話題となっていたことが愉快でならない。

ここを去った諸大名たちは、小笠原氏も戸田氏もなおこの地に帰ることを望み、「松本」名がこの地(安筑)の一体感を形成し、「松本」への愛着が「松本」とは何かを立論させるのである。

②石川数正・康長の時代

石川数正・康長の二代は、天正十八年（一五九〇）から慶長十八年（一六一三）まで二十三年間の在城である。その間、土塁を石垣に替え、五層六階の天守を築き、流通経済を掌握する城下町を形成した。しかし、慶長十八年突如改易となった。

豊臣大名石川氏の入部

天正十八年、北条氏の小田原城陥落によって、秀吉は知行（領地）割りを行い、家康には関東八カ国を与えて関東へ移封した。それに伴って、家康傘下の松本城主小笠原秀政も下総三万石を家康から与えられて古河城（茨城県古河市）に移った。

小笠原にかわって豊臣勢として入ってきたのが、石川数正《いしかわかずまさ》であった。領国は筑摩・安曇の二郡であるが、知行高は八万石とも十万石ともいわれ明確ではない。

石川氏は、領内の村々から貫高で表した年貢高の指出帳を提出させ、これをもとに一貫文を二石五斗の石高に換算しただけの石直しの検地高を太閤検地高とし、その後の朱印高★となった。この結果をまとめたものが天正郷帳とも呼ばれている「両郡郷村御朱印御高付」（『長野県史』近世史料編⑤―1）である。

石川家家紋笹竜胆《りんどう》

▼朱印高
朱印状によって領有を確認された石高。

この合計高は八万〇五二三石六斗九升六合、村数二五五カ村であった。内訳は、

- 筑摩郡　四万八三〇一石八斗五升五合、村数一四四カ村
- 安曇郡　三万二二二一石八斗四升一合、村数一一一カ村

石川氏の支配は、数正（康正とも、文禄元年没）とその子康長《やすなが》（光長とも、慶長十八年改易）の二十三年間にわたったが、その主な施策は、なんと言っても豊臣大名としての松本城の整備や天守築城、そして城下町の形成である。

豊臣築城マニュアルの三点セット

前述（一七頁）したように、信濃の松本領は、上野・甲斐・駿河《するが》と結んで徳川に対する包囲網の一つであったから、豊臣の有力大名石川数正親子は秀吉に倣って権威と実戦に備えた雄大な築城を進めていった。

豊臣大名らが模範とした豊臣スタイルの城郭《じょうかく》とは、それまでの土塁や館《やかた》といったものに対して、より革新的な石垣と天守の築造であった。もうひとつは整然とした城下町をつくって、これに街道をつなぎ流通機構のルートを掌握《しょうあく》することにあった。この石垣と天守と城下町の三点セットが、近世城郭の基本であった。

信濃におけるいくつもの雄大な城の出現は、新着の豊臣大名らが、自らの面目を果たすためにはこうあるべきだとする秀吉の築城マニュアルに従って、城の建築

松本城

矢狭間・鉄砲狭間・石落としを備える松本城

を競った結果である。

　石川数正もまた、この三点セットに従って城郭の整備をすすめ、古山寺を建て、天守築造を目指したが、朝鮮出兵のため九州出陣の最中、病のため文禄元年（一五九二）十二月夢ならずしてこの世を去った。

　惣堀を浚《さら》い幅を広げ石垣を築く松本城の城普請は、康長に引き継がれた。天守の築城は文禄二年（一五九三）から始まり翌三年あるいは四年には完成したようである。実に短期間の築城であった。本丸を造り、内堀・外堀・惣堀と堀の改修をすすめ、外観五重内部六階、千鳥破風《ちどりはふ》★や唐破風《からはふ》★をしつらえ、時には金箔瓦で飾りながら、周囲の壁面は鉄砲狭間や矢狭間で囲み、石垣をよじ登る敵には石落としを装置するなど美観と威容を備えた戦う城であった。

　この築造の様子は、『信府統記』によると、

「光長（康長）、当城にあること、これ二十一年の間、城普請及び侍屋敷・寺院・町屋に至るまで、分領（分量、身の程）にすぎたることどもにて、百姓人夫を労し、あるいは山林の木・竹を伐り取り、あるいは償いなくして民家を壊し取りて普請の用となすの類、あげて計りがたし」

などとある。城普請は、優に八万石の分量を超える大土木事業であったから強引な施策の敢行を伴った。そのために要した人足の動員は甚大なものがあった。この頃の築城にかかわる伝承には残酷なものが多い。飯田城の築城の際、負

松本城太鼓門の玄蕃石

石川数正夫妻供養塔

▼千鳥破風
千鳥が飛ぶ形の三角形の装飾様切妻屋根。

▼唐破風
そり曲った曲線状の装飾屋根。

担軽減を訴えた者が火刑に処せられたとか、この松本城の築城では、太鼓門に据える巨石を運ぶ人足が苦情を訴えたところ、城主の石川玄蕃頭《げんばのかみ》康長の耳に入り、康長は怒って即座にその人夫の首をはね、その首を槍で刺しあげて「者どもさあ引け」と叫んで運搬させたという。そのためこの石には玄蕃石という名がつけられたという。高さ三・二メートル、重さ推定二六・五トン、今も太鼓門枡形の一角にある。

苛酷な労役があったことは、石川氏の後を継いだ小笠原氏の領内法度に、他村・他国や山中に逃散した農民の帰村をうながす還住策を取っていることでもわかる。

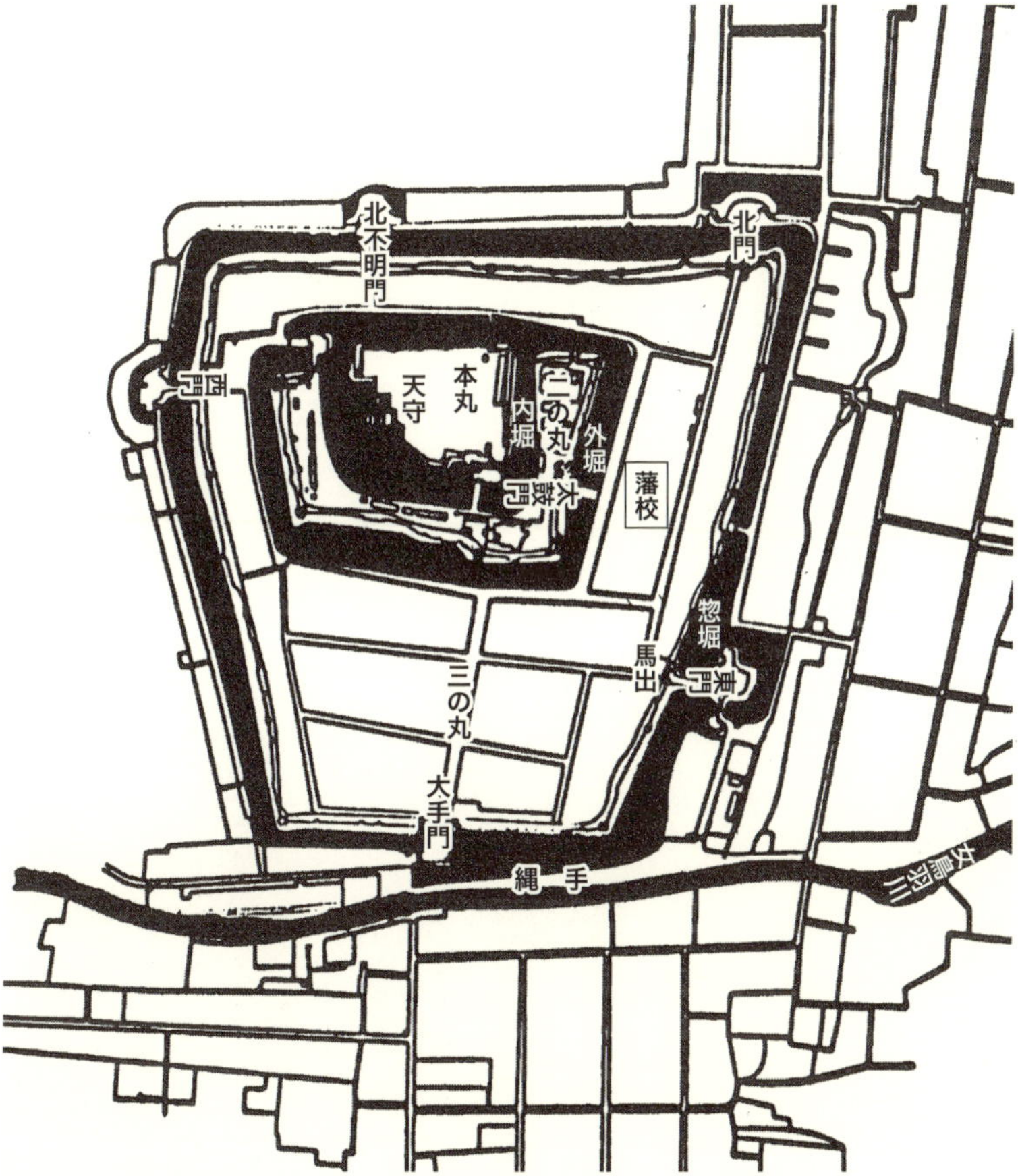

松本城配置図

象徴となっていた金箔瓦の行方

それでは、金箔瓦は、秀吉亡き後はどうなったのであろうか。秀吉は慶長三年(一五九八)八月、この世を惜しみつつ没した。

慶長五年(一六〇〇)の関ヶ原の合戦後は、徳川家康の天下となった。その時、甲府城の金箔瓦は、地中に一括して廃棄《はいき》されたことは、近年の発掘によって明瞭になった。真田昌幸《さなだまさゆき》の上田城も、明け渡された直後、徳川方諸将によって徹底的に破壊されたという。

松本城の石川氏も同様、金箔瓦や桐紋瓦を一斉に取り払い豊臣色を払拭した。その上で乾《いぬい》小天守★を渡櫓で天守につないで連立式の天守としたり、大手門を築いたり、本丸の土塁を石垣に替えるなどと城構えを一段と進めていった。

石川康長は慶長十八年(一六一三)大久保長安の不正私曲事件★に縁戚連座して改易された。この理由は表向きのことであって、『信府統記』は、これに公儀の許可もえないで分領を超えた城普請を行ったとする理由をつけくわえている。

元和五年(一六一九)、福島正則が幕府に無断で広島城を修築したという理由で所領《しょりょう》が没収され、高井郡高野井村（長野県上高井郡高山村）に蟄居《ちっきょ》させられた事件と同じように、家康離れの怨念もあろうが外様はずしが本音であろう。

乾小天守（左）

▼乾小天守
乾とは北西の方角をいい、天守に渡櫓《わたりやぐら》でつながる北西の小天守。

▼大久保長安の不正私曲事件
大久保長安は家康に仕え、多くの金山・銀山の採掘や街道の整備に尽力したが、死後、不正を理由に遺子七人が切腹、一族・縁故者が処罰された。真相は不明。

③ 京都型城下町の設計プラン

城下町には意図的な設計プランがあった。京都型の四神相応の配置に従い、築城にあたっては資材は舟運によって運ばれ縄手で堀と河川が結ばれた。本丸屋敷を基準にした南北線で城下町の町割りがなされ、鬼門の位置には岡宮神社と安楽寺を配置し、町の入り口には十王堂を置かれた。

松本城下町の設計プラン

近世の城下町はもともとが人工都市である。その設計には意図的なプランがあって、極めて計画的な町割りがなされていた。

『信府統記』は、この町割りについて、「松本の城は四神《しじん》相応の地である。北高く、南低く、南北に長く、東・南・西へと流れる川があり、天長地久（天地が永遠に続く）、吉祥《きちじょう》繁昌（めでたく繁昌する）の相をもち自然の理にかない、大手南向きの水勢の城である」と書いている。そして四神相応の地として、古くは京都の平安京、近くは甲府府中の城下町を例にあげ、松本の城下町を四神相応の配置に従った京都型（平安京・聚楽第）のプランとしている。

このことは、単に『信府統記』に書かれているからというのではない。甲府城

維新前の松本町図

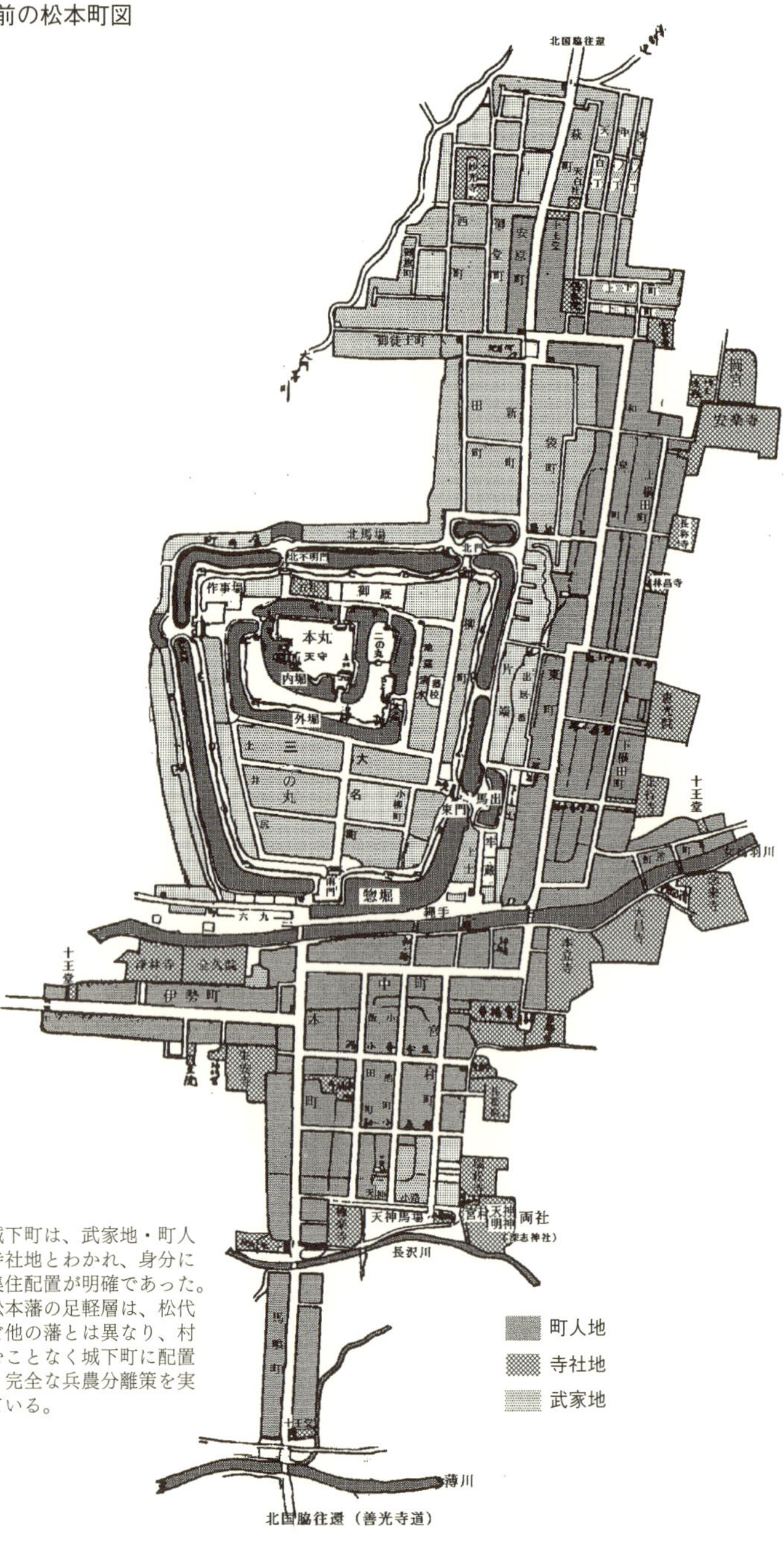

松本城下町は、武家地・町人地・寺社地とわかれ、身分による集住配置が明確であった。また松本藩の足軽層は、松代藩など他の藩とは異なり、村に住むことなく城下町に配置され、完全な兵農分離策を実現している。

下町の空間構成は、信玄館を基軸点にして南北線の街路が設定され、それを基にして碁盤の目のように町割りされたという計画的なもので、四神相応の京都型の都市プランとなっている。この武田流の築城術を継承している設計者の永井工匠《ながいたくみ》は、実は松本城主小笠原・石川氏の両氏に仕えた城郭普請の担当者であったし、豊臣大名である石川氏が秀吉の聚楽第プランを模範としたことはいうまでもない。

松本城下町が、京都の町並みやそれを模した武田流プランをも呑みこんでつくられたことは明らかである。そのため甲府城下町とも実によく似た城下町となったのである。

四神相応の城下町プラン

四神とは、東の青竜《せいりょう》・西の白虎《びゃっこ》・南の朱雀《すざく》・北の玄武《げんぶ》の四獣を指し、その姿はキトラ古墳に日本初の容姿をあらわして、我々に感動を与えてくれたばかりである。四神相応とは、この四方の神々に相応した最も貴い地相を示したもので、東に流水のあるのを青竜、西に大道のあるのを白虎、正面の南方には窪地のあるのを朱雀、後方の北方には丘陵を置いてそれを玄武としている。

では、松本城下町は、どんな地形を四神相応の地相としていたのであろうか。

○まず東の青竜としては、近くは女鳥羽《めとば》川、遠くは薄《すすき》川の流れがある。女鳥羽川は武田氏時代に流路を変更したものである。
○西の大道を示す白虎は、伊勢町や六九口からつながる千国《ちくに》街道や野麦《のむぎ》街道と、女鳥羽川につながる奈良井川（木曾川）や梓川の舟運にも当てはまる。実はこの舟運こそが、城や城下町の建設を可能としたものである。遠く山家《やまべ》山や薄川上流の木も石も、島々山や木曾山の木材も、この舟運によって運びこまれた。最近明らかになった縄手《なわて》の語源が、土盛りをして道にしたものという地名の意味（足利健亮『景観から歴史を読む』）からも、ここ縄手で堀と女鳥羽川とはつながっており、城内普請場への入り口となり、また石や木材の陸揚げ地ともなっていたのである。
○南の朱雀の窪地には、薄川と田川の合流点から西に広がる低湿地帯がある。
○北方の丘陵玄武には、放光寺山・芥子《けし》坊主山から伊深《いぶか》山に連なる山々がある。
朱雀・玄武の南北軸は、城下町設計の基軸線をなすものである。甲府城下町と同じように、本丸の御館を基点として大手より南に延びた本線が本町である。本町を基軸線にして城を囲むように中町・東町の二町を置き、東町は和泉町から安原町につなげ、本町の南にはさらに馬喰《ばくろ》（博労）町を延長し、この通りを北国脇《わき》往還《おうかん》（善光寺道）の一環に組み入れていった。そして本町には問屋・本陣と藩来客の宿泊施設御使者宿《おししゃやど》をおき、東町や博労町には宿場町の機能を持たせている。親町の三町には枝町一〇町を付属させて、変形的ではあるが碁盤の目状に長方形の町割りをつくっている。特に本町と中町に囲まれた一角は、京都型プランの形

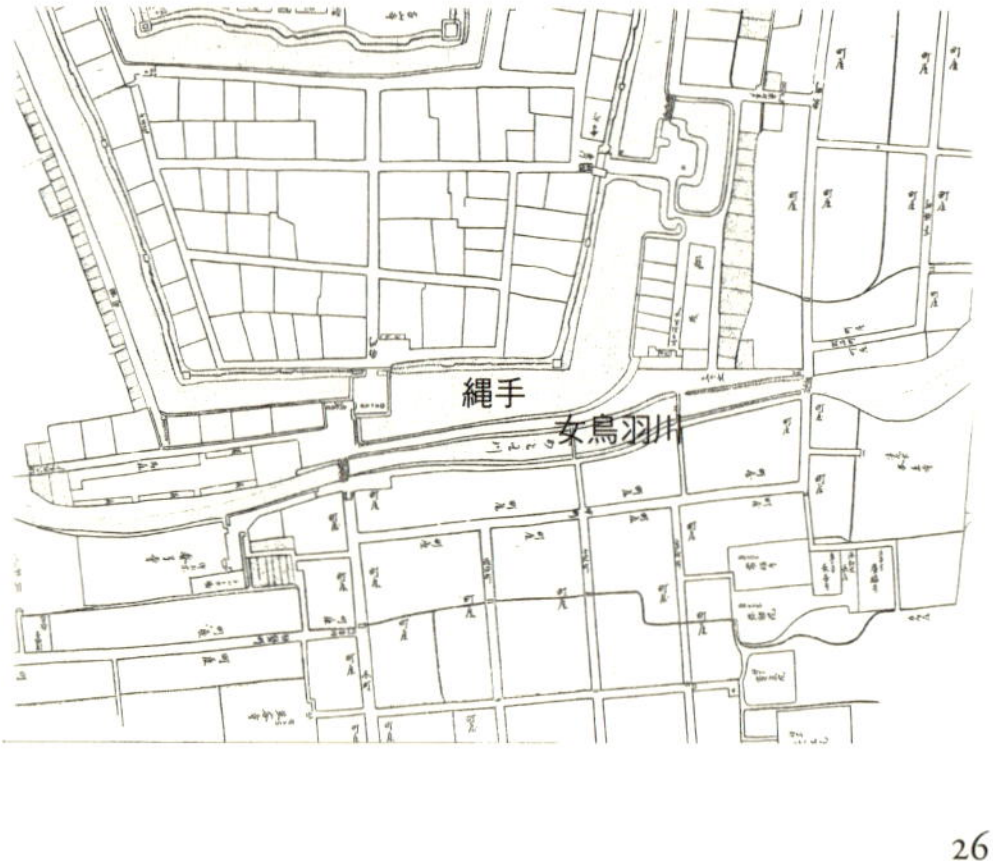

絵図に見る縄手道

をよく示している。

城下町の形と守り

町人たちの屋敷は、通りに面して、間口は狭いが奥行きの長い短冊《たんざく》形の地割りである。またそれが向かいあった両側町で、町ごとの共同体をつくっている。この町割りで、江戸の町との違いは、町と町との間、例えば本町と飯田町の間、東町と横田町の間に裏小路がないことである。裏小路独特の借家住まいの庶民の生活や文化は松本の場合未発達であった。その代わり、各屋敷にはその奥に数間の借家を置いている。

城下町の四方の出入り口には、守り神として閻魔《えんま》が指揮する十王堂を置いている。城の守護神としては陰陽道でいう鬼門《きもん》の艮《うしとら》（丑寅・東北）の位置に岡宮神社と安楽寺を配している。反対側西口の裏鬼門には歴代藩主から尊崇を得た浄林寺を置いている。城の入り口の大手門の位置には、時の城主の菩提《ぼだい》所を配置し、石川氏は正行寺を、前《さきの》戸田氏★は極楽寺を、水野氏は春了寺を、後《のちの》戸田氏★は全久院をそれぞれ置いている。

城下町町人たちの産土《うぶすな》神★となった宮村明神は、もとは小笠原氏の主城井川城の鬼門の守護神であったが、小笠原秀政入部の時、その故知にちなんで鎌田に

山家小路入口十王堂の六地蔵

▼前戸田氏
元和三年（一六一七）から寛永十年（一六三三）まで松本藩主であった戸田氏。

▼後戸田氏
享保十一年（一七二六）に再入部した後代の戸田氏。

▼産土神
生まれた土地の守り神。氏神。鎮守の神。

あった天満宮もこの地に勧請《かんじょう》して、城と城下町の守護神として両社をならべ宮村（深志）神社とした。ここには武家屋敷とともに天神馬場が設けられ、当初は流鏑馬《やぶさめ》も行われていた。

　また、防御の態勢が重視されたために、城廻りの道には鉤《かぎ》の手やT字路・食い違いの遮蔽《しゃへい》装置が至るところに設定された。

　一方、城内とその周囲や城下町の出入り口は、武家地として侍たちの集住をはかり、また町人地を囲むように寺々を順次配置していったので、十七世紀のなかば頃には武家地・町人地・寺社地がそれぞれの空間をもって、身分によって区分された分節構造となっている。

十王堂から地蔵堂へ

　城下町の入り口に置かれた十王堂は、町の発展とともに変わってきた。

　十王堂は、町のあの世とこの世の境にあって、この世の罪を閻魔によって裁かれる場所である。罪深い人々にとっては厳しい場所でもあった。そのような場所には、極楽へと手を引いて導いてくれるお地蔵様の存在が必要であった。

　そのため、中世からの市場町であった西口の伊勢町口は、早くから地蔵尊が主役となり、その名称も十王堂ではなく地蔵堂に変わっている。北口の安原口はすでに失われているのでわからないが、南口博労口の十王堂は大きな北向観音が主役となっている。東口山家小路入口の十王堂には見事な閻魔大王が座しているが、その入り口通りには元禄六年の六地蔵が手をさしのべている。

博労口十王堂の北向観音

④ 小笠原秀政・戸田康長の時代

慶長十八年（一六一三）再入封の小笠原秀政は藩政の整備を積極的に進めるが、わずか四年足らずで、大坂夏の陣での秀政父子の戦死とその軍功によって元和三年（一六一七）七月明石に転封となった。代わって入封した戸田康長もその施策を受け継いで、地侍たちの在地性を切りすて、新しい行政区画を創設し、領内総検地を実施して大村の分村を進めた。

家康に認められた秀政親子

小笠原秀政《ひでまさ》は、飯田五万石より三万石の加増を得て、慶長十八年（一六一三）十一月八万石で再入封となった。松本に戻ってきた秀政は、この「二度の本意」を一族・家中をあげて悦びあったという。

秀政とその跡を継いだ忠真《ただざね》（忠政）は、慶長十八年十一月から元和三年（一六一七）七月まで足掛け四年にすぎなかったが、この治世にみる諸制度の整備には見るべきものがある。

秀政はまず鎌田にあった天満宮を、井川館の鬼門の守護神であった宮村明神の境内に勧請している。城と城下町の御加護を願ったものである。そこに流鏑馬奉納のため馬場も造っている。

二つめは、多くの領内法度を発布して年貢制度をととのえている。この中には前述の如く、石川氏時代に人足役や職人役に苦しんで他村・他領に逃散した百姓を帰村させるためにとられた百姓還住策がある。百姓が帰村したときはどこに住んでもよいとし、諸役も免除するとある。

三つめは給人《きゅうにん》地★を減らして蔵入地（直轄地）を増やしたり、給人（地侍）の支配力を弱める対策がとられたことである。

四つめは宿駅制度の整備である。中仙道（享保元年（一七一六）より中山道）や北国脇往還（善光寺道）の改修や整備をすすめ、伝馬役を定めて宿駅の設定を行っている。

とりわけ、まだ不十分だった城下町に街道を組み入れた善光寺道の整備をすすめ、宿駅を設定していったことの意義は大きい。

慶長十九年十月の大坂冬の陣では、秀政は東山道の守りにあたり、世継ぎの忠脩《ただなが》が将軍秀忠の軍に加わった。

翌年元和元年の大坂夏の陣には、秀政には出陣の命が下ったが、命令のなかった忠脩は、「尊慮に叶わなくても出陣あるべし」と、弟の忠政（忠真）と共に出陣した。そのため将軍秀忠の拝謁は得られなかったが、義理の祖父に当たる家康からは温かく迎えられた。激しい乱戦の中秀政は忠脩と共に戦死し、忠政は重傷を負った。秀政・忠脩の遺骸は京都七条で荼毘《だび》にふされ、松本に戻った。

跡を継い忠政は、元和三年（一六一七）七月、先の大坂の陣での忠誠心に燃えた

▼給人地
地侍層に給せられた土地。

広沢寺の小笠原家墓所

秀政・忠脩の軍功によって二万石の加増をうけ、十万石で播磨国（兵庫県）明石に転封となった。この時小笠原氏に従った地元の家臣は多かった。

人柄で出世した戸田（松平）康長

戸田康長《やすなが》は、正親町《おおぎまち》三条家を始祖として、家康から松平の称号と葵紋を許された最初の人である。家康の養妹松姫を妻とする有力な譜代大名の一人であった。

家康が関東に移ると共に武蔵《むさし》東方《ひがしがた》一万石の大名となり、以後上野白井《こうずけしらい》二万石・下総古河《しもうさふるかわ》二万石・常陸笠間《ひたちかさま》三万石・上野高崎《こうずけたかさき》五万石と転封を重ねる度に加増されて、元和三年（一六一七）松本に来たときには七万石の大名にのし上がっていた。

戸田家の事蹟書『世々のあと』には、康長の人となりについて書かれている。

康長は、三河にいた頃から、たとえ戦功があっても自分からは全く申し立てることがなかった。家臣にとってはそれがもどかしく、いくら催促されても「武功とは、人の申すものにて自分より吹聴致すは甚だ見苦しきこと」といって、全く取り合わなかったという。

むしろ、そういう人柄が見込まれて、元和九年には将軍家光の補佐役に任ぜられた。翌寛永元年（一六二四）大病を患い、休養明け初めて出勤したところ、快気祝いとして秀忠からは茶壺霧ヶ崎を拝領し、家光からは行光の短刀を拝領した。

戸田家伝来の家長着用の甲冑
（松本市立博物館蔵）

戸田家家紋「はなれ六ツ星」

寛永九年、松本で重病を患った時は、療養のためとして将軍家から侍医の野間玄《のまげん》沢《たく》がわざわざ松本にまで遣わされたという。

また康長は、仙台藩の伊達政宗とも懇意の仲で他事なく語り合う間柄であったという。家中の者なども、わざわざ夜分に迎え入れ酒食でもてなして語り合い、藩政のこと、武辺のこと、そのほか四方《よも》山話《やまばなし》などと「必ずあぐらにて打ちくつろぎ、腹蔵なくお話し相手仕り候」などとある。

このような家臣らとの腹蔵ない語らいのなかで、松本藩政が打ち出されてきたものであろうか、その施策には、実に見るべきものがある。

その第一は家臣団の編成である。康長は、上野の高崎五万石から二万石の加増で七万石で松本に入部した。そのため加増分に見合う家臣団の再編成を行い、この松本で七二人の家臣を召し抱えている。この中には在地の地侍も多く、城下には安原町の西に徒士《かち》屋敷を建て、その北に足軽屋敷を建てて集住をすすめた。このことは在郷での地方知行《じかたちぎょう》★をやめて、蔵米取りに替えることでもあった。地侍の在地性がなくなったということである。小笠原秀政が進めてきた給人地減らしの改革は、ここで完成を見たことになる。兵農分離の完成である。

また、それに伴って新しい行政区画を創設した。今までの筋支配《すじしはい》★にかえて領内を一五組に分ける組制が敷かれた。各組にはこれを統括する割元役が置かれた。割元役には仕官できなかった地元の有力土豪層が当てられた。

戸田家廟所の戸田康長の墳墓

▼地方知行
家臣が藩主から知行地（土地）を与えられること。

▼筋支配
松本藩行政区画の当初の形。通り筋によって区画したもの。

第三は、寛永三年から八年にかけて、領内の惣検地を実施したことである。松本領にとっては初めての本格的な検地であった。残念ながらそれから十八年後に実施された慶安検地の際、この検地帳がすべて引き上げられたため現在残っていない。

戸田家の系図

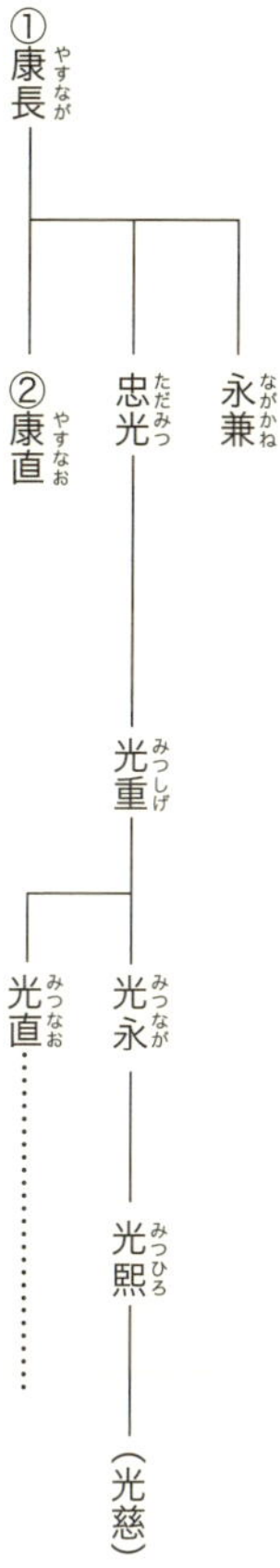

第四は、これに伴って行われた村切りの分村である。中世以来の郷の大村を廃止し、検地によって田畑・山林原野を含む村の領域境を明確にした新しい村々の創出である。こうして造られた村は二〇〇石から四〇〇石ぐらいの小さな行政村であった。例えば、

- 浅間郷は原村と水汲村に分村。
- 岡田郷は、下岡田と岡田村に分村。
- 里山家郷は、橋倉・南方・藤井・下金井・上金井・新井・湯原・兎川寺・新

戸田家廟所、光行（右）・光年（左）の墓石

田の各村々に分村。

•島内の犬飼郷も北方・町村・下村・中村・青島・高松の村々に分村した。

このようにして、旧松本市市域では、五二カ村が八二カ村に増大した。

康長は、池田町に城（池田城）を造りそこで隠居する予定であったが、寛永九年十二月、治療のかいなく松本において死亡した。埋橋の原で火葬され埋葬された。この塚を丹波塚という。のちにはここを御塚《おつか》★と改め、戸田家の廟園となっている。

跡を継いだ康直《やすなお》は、寛永十年四月、播磨の国明石城に転じた。戸田氏は、その後美濃《みの》（加納）・山城《やましろ》（淀）・志摩《しま》（鳥羽）と転じ、九十三年後の享保十一年（一六二六）に再び松本藩に戻ることとなる。

▼御塚
戸田家の廟園名。

⑤ 松平直政と堀田正盛の時代

戸田康直の後、寛永十年（一六三三）四月、家康の孫にあたる松平直政が七万石で入ってきた。戸田氏との差一万石は、五千石は諏訪藩に、五千石は高遠藩に分けられた。直政は寛永十五年（一六三八）二月、十八万六千石で出雲松江城に転封になるまで、わずか五年足らずの在任であった。直政の後入封した堀田正盛氏もまた四年足らずの在任であった。

松平直政と連結複合式の天守閣

松平直政《なおまさ》は、将軍家光が寛永十一年（一六三四）上洛の帰路、木曾路を経て善光寺参詣の途中、松本城に立ち寄るという内意をうけるや、お迎えのため直ちに城郭の増改修に取りかかった。

大略は次の通り（河辺文書「太守累年記」など）

- 辰巳附櫓と月見櫓の増築。これによって、松本城の天守閣は連結複合式の威容を誇る天守閣として完成した。
- 枡形門の整備
- 本城東郭《くるわ》渡り楼《ろう》（多門櫓）の築造
- 南門外女鳥羽川北に六九厩《うまや》★を建てる
- 新町、片端町に士屋敷を建てる

松平家家紋五三の桐

▼六九厩
六×九＝五四匹立てにちなんだ厩名。後地名となる。

•田町の東郭に与力同心屋敷を建てる
•八千俵蔵（城米蔵二棟）を建てる
直政の諸普請は城内に限らなかった。
•中山道や善光寺道の国境にある本山や麻績町番所の建て替え、洗馬宿御休泊所の新築

この改修事業は、浅間・山家湯の御殿の建て替えにまで及んだ。

寛永十三年には松本に新銭座を起こし寛永通宝松本銭の鋳造を行っている。

これらは、普通の大名ではできない大事業である。直政が、家康の次男結城秀康の子（三男）で、将軍家光とは従兄弟同士、幼少時から懇意の間柄であったという事情によるものであろう。

松平氏の略系図

- **家康**（将軍）
  - 信康《のぶやす》 ― 福姫（小笠原秀政夫人）
  - 秀康《ひでやす》（越前）
    - 忠直《ただなお》（越前）
    - 忠昌《ただまさ》（高田）
    - **直政**《なおまさ》（松本―のち松江藩へ）
  - **秀忠**《ひでただ》（将軍） ― **家光**《いえみつ》（将軍）
  - 義直《よしなお》（尾張徳川）
  - 頼宣《よりのぶ》（紀伊徳川）
  - 頼房《よりふさ》（水戸徳川）
- 松姫（家康の養妹、戸田康長夫人）

松本城

松本町の地子免除と職人役

この直政の増改修事業は、領内の大工・木挽・畳屋・鍛冶屋などの職人層すべてが呼び集められて行われた。この時、職人らから訴訟がなされた。職人役と人足役両様では勤まらないとするこの訴えは認められて、寛永十年(一六三三)、諸職人の人足役は免除となった。

一方、城下町町人のほうも、城下満水時の普請人足の徴発が、屋敷割り(人足役)の上に、田地割り(地役)両様の勤めではやりきれないと抗議した。この訴えによって翌年寛永十一年五月、松本町の地子年貢(地役)も免除となった。「城下町はすべて高外《たかがい》★の場所であって地子《じし》免除★の地である」とするのは、この時から始まったものである。それまでは村も町も違いはなかったのである。

この町人足役の配分は、伝馬役とは違って、町方一三町が六間間口一軒役の軒役として請けたのではなく、年貢一石につき一人の人足役として請け、城下町高は三一八石であったから三一八人、これを一三の町方独自の配分法で割り合ったのである。本町・中町・東町のそれぞれに付属した枝町を加えた親町三グループを同等の力配分として三分し、これを各親町・枝町に階層的に割り合う「町御役割」という町定めで配分された。人足三〇〇人としたときの配分は下表のように

明治初期に描かれた松本城八千俵蔵の絵(松本市立博物館蔵)

松本城、左手前が月見櫓

▼高外
年貢のかからない石高免除の地。
▼地子免除
土地・屋敷にかかる年貢の免除。

なる。これは、城下町共同体秩序の階層制を示すものである。

中央政治に多忙な堀田正盛の治世

直政は五年足らずの在任であった。その後入ってきたのは堀田正盛《ほったまさもり》である。

堀田正盛は、寛永十五年(一六三八)三月、将軍家光から六万五千石の加増を受け松本入封となった。堀田の領地は、松本七万石のほかに、安房・上野二カ国にある三万石を合わせると十万石となる。正盛も直政と同じように、四年あまりの在城で、寛永十九年七月さらに一万石の加増で下総佐倉へ転封となった。

堀田正盛の出世は、大奥春日局の縁戚（義理の息子）に当たることからである。明智光秀の妹の婿斎藤利三の娘福が、家光幼少時代の竹千代の乳母となったことから、福が大奥春日局として重きをなすと、縁戚の正盛は、その縁で竹千代の近《きん》習《じゅ》となって出世の道に入った。寛永三年には一万石の大名となり、寛永十年には、のちの若年寄の六人衆のひとりとなり、ついで加判★並（のちの老中）として幕政に参加した。

正盛は、近習としての立場や加判役でもあったから、転封の年五月将軍家において暇乞いしてに松本城に入城しているが、そのほかはほとんど松本に来ることはなかった。

人足300人としたときの町配分表

	13町	寛永11年	享保10年
本町グループ	本町	80人	80
	伊勢町	20	20
	馬喰町	無役（別役）	無役（別役）
中町グループ	中町	75	74
	飯田町	10.4	11
	小池町	9.4	10
	宮村町	5.2	5
東町グループ	東町	40	40
	和泉町	20	20
	安原町	20	20
	上横田町	8	8
	下横田町	10	10
	山家小路	2	2
	惣町13町	300	300

▼加判
老中を加判とか連判衆とかいった。

▼上土
惣堀と女鳥羽川の間に盛土をしてできた道。

寛永十九年の小谷村の飢饉御救願い
【百姓中は多く死に失せ、はしり申し候につき、御訴訟申上げ候】

堀田氏時代の治世で特筆されるのは、のち長く年貢米の収納所となる上土《あげつち》★の米蔵を造ったことと、上横田町に臨済宗の慧光（恵光）院を起こしたぐらいである。

巳午の飢饉と未進年貢

大きな事件としては、寛永十八年（一六四一）・十九年の大飢饉がある。この飢饉は、のちになって「巳午《みうま》の飢饉と世に申し候」といわれるほど有名になった。寛永十八年の場合は西日本は干魃《かんばつ》、東日本は霖雨《りんう》・冷害の全国的な凶作であったし、十九年の場合は、全国的な長雨・大雨に加えて、西日本では日照りと虫害、東日本では霜害《そうがい》と虫害による大凶作であった。

堀田正盛は寛永十九年（一六四二）七月佐倉へ国替えとなった。前年からの大不作のため、領内では餓死者が大量にでるなどで未進年貢の取立てができなかった。新しく入部《にゅうぶ》してきた水野氏が、それを請け負って三年かけて未進の取立てを行い、佐倉に送り届けたという美談の話が伝えられている（『本国事記』）。

堀田氏の略系図

正吉《まさよし》——正盛《まさもり》（佐倉藩へ）——正信《まさのぶ》（佐倉藩改易）
　　　　　　　　　　　　　　　└正俊《まさとし》

まず畑作について「麻はかむし（牙虫）たちことごとくきりたおし、大豆・小豆・そば・やさいにいたるまで虫たち候て一粒も御座なく候」と虫害を理由とし、稲作の場合は、一九七石五斗の村高であったものが、段々増やされて、堀田様が入った時には、四八一石一斗となり誠に迷惑である。その上小谷の村は遠く、年貢は金銀であったから、金納値段は「一両に七俵の値段で年貢を取るが、百姓は内々では一両につき一二、一三俵で売って換金している」と訴え、「年々このように取られたのでは、百姓共は飢《かつ》え・死に失せ・はしり（逃散）・売り潰れ申し候こと、三分の一の百姓たいてん（退転）仕り候」といい、最後に

「・一四七人は飢え死に申し候人数
・九二人は売り申し候人数
・三八軒は逐電《でん》仕り候家数
・八二疋の馬は飢え死に申し候馬数
・八三疋の牛は飢え死に申し候牛数
右の通り死に失せ・はしり申し候御事
寛永十九年午八月二十七日
　　　　　南小谷村　惣百姓中
江戸御奉行様
　　　　　参る　　　　」

などと数字を以て、三分の一の百姓は退転し、残りの百姓も、「くたびれにて」御年貢役儀など務まらないと、江戸奉行所に訴え出たものである。直訴といってもよい。

これも松本

お国自慢

ここにもいた松本人①

近世・近代日本を彩る松本出身者たち

国重要文化財の開智学校建設者

立石《たていし》清重《せいじゅう》（一八二九〜一八九四）

文政十二年六月松本市北深志町東町に生まれ、代々町大工の棟梁の家で、家業を継いだ。明治五年学制発布により、立石清重は筑摩県権令永山盛輝の命を受けて、開智学校新築の棟梁となった。清重は準備のため東京大学の前身である開成学校や東京医学校の建築様式を調べ、これを参考にして建てられた開智学校は、伝統的な和風の構造に洋風様式を取り入れたもので、当時の模範的な建築様式となった。見積総額二万二千円余り、開智学校の構造は、桟瓦葺、寄棟大壁造、二階建、中央八角塔付き、出入り口や廊下の唐戸には彫刻を施し、窓には舶来のガラスを用いた。中央八角塔の窓にはギヤマンと呼ばれていた色ガラスを使い、頂上には東西南北の文字盤を配した風見をつけている。明治九年四月完成。清重はその後も、多くの官庁や学校などの建築を手がけている。

崇教館の漢学者

柴田《しばた》利直《としなお》（一八二二〜一八八〇）

松本藩士柴田家の三男として文政五年土井尻に生まれる。通称修三郎。儒学をよくし論語・春秋の学問に励む。一方自弁流の剣法や大坪流の馬術など武術においても優れていた。弘化・嘉永年代の八年間は、江戸に遊学し、東条一堂に就いて漢学を修めた。品行方正で塾中皆彼に敬服し、推されて塾頭となった。安政初年松本に帰ると、藩主から文武諸術に長ずるを賞されて五十石を下賜され、漢学者として崇教館の助教に任ぜられる。明治三年、藩学改称後も引き続き助教に就任。そのかたわら家塾を開いている。開智学校開設後その訓導となって漢学を担当した。その後開智学校に内紛が起こり、明治十三年解雇された教師らと極楽寺に市立松本学校を開いた。生徒数一五〇人を超え、村上学舎の家塾とともに盛況であった。この年の十二月俄に病を得て没した。著書に「論語助辞解」「論語邦筌」がある。

松本城を取り壊しから救った人

市川《いちかわ》 量造《りょうぞう》（一八四四〜一九〇八）

弘化元年松本北深志下横田の名主の長男として生まれた。文久二年蚕種紙売り込みのため横浜に出、ついで水戸にまわって二年間修業に励む。明治五年北深志町の戸長となると、下問会議の必要を県庁に建言する。県はこれを採択。この年の十月「無限の大知識を広むるは新聞紙」以外にないとして信飛新聞を起こした。この年筑摩県は松本城の廃棄を決定して競売に付していたが、量造は貴重な文化遺産は断じて取り壊すべきではないとして建言を重ね、同志を募って落札者から買い戻した。天守の入札価格は二三五両一分余り。買い戻しの資金とするため、明治六年から松本城で五回の博覧会を開催している。明治八年には開産社の設立に奔走。十一年には『月桂新誌』を創刊。明治十二年には県会議員に当選し、十三年には奨匡社の設立に加わり、国会開設の運動に尽力。明治十五年から南佐久ほか幾つかの郡長を歴任。

第二章 水野家八十三年間の時代

善政・悪政交差の中で、後世に残した文化は大きい。

① 水野忠職、藩のしくみを固める

松本藩は、寛永十九年（一六四二）から享保十年（一七二五）までの八十三年間は水野家の時代である。水野家のはじまりは、家康の母於大《おだい》の方の系譜、その甥に当たる三河吉田城主水野忠清の入封で始まる。二代目忠職は厳しい検地を実施して財政の基礎を固める。一方「百姓痛まぬように」とする掟書き示し、寛文九年（一六六九）民政の基本法「領内法度」を公布した。

水野家の藩政始まる

水野忠清は大坂の陣で、青山忠俊《ただとし》や高木正成《まさなり》と先陣を競いつつ戦功を立てるが、帰陣ののち、忠俊と軍功を争いその際の過言が咎められて閉門となった。その後許されるがなお謹慎を続け、のち先祖代々の勲功や父忠重の勤労をもって旧領三河の刈谷二万石を拝領した。さらに二万石加増で転封した吉田でも栄進を重ね、寛永十九年(一六四二)七月七万石で松本領に入部した(『新訂寛政重修諸家譜』)。

在城六年、正保四年(一六四七)五月、六六歳で江戸にて死去した。その間取り立てて功績はないが、正保《しょうほう》の国絵図《くにえず》の制作に携わっている。

信濃の国絵図は、正保元年松代藩主真田伊豆守信之《いずのかみのぶゆき》を責任者として、二人の幕府代官と松代・松本・小諸・飯田・上田・飯山・高遠・高島の九藩主に担当させ、正保四年三月幕府に提出している。この国絵図の特徴は、郷帳（郷村高帳）の作

水野家家紋花沢瀉《はなおもだか》

正保四年信濃国絵図写し

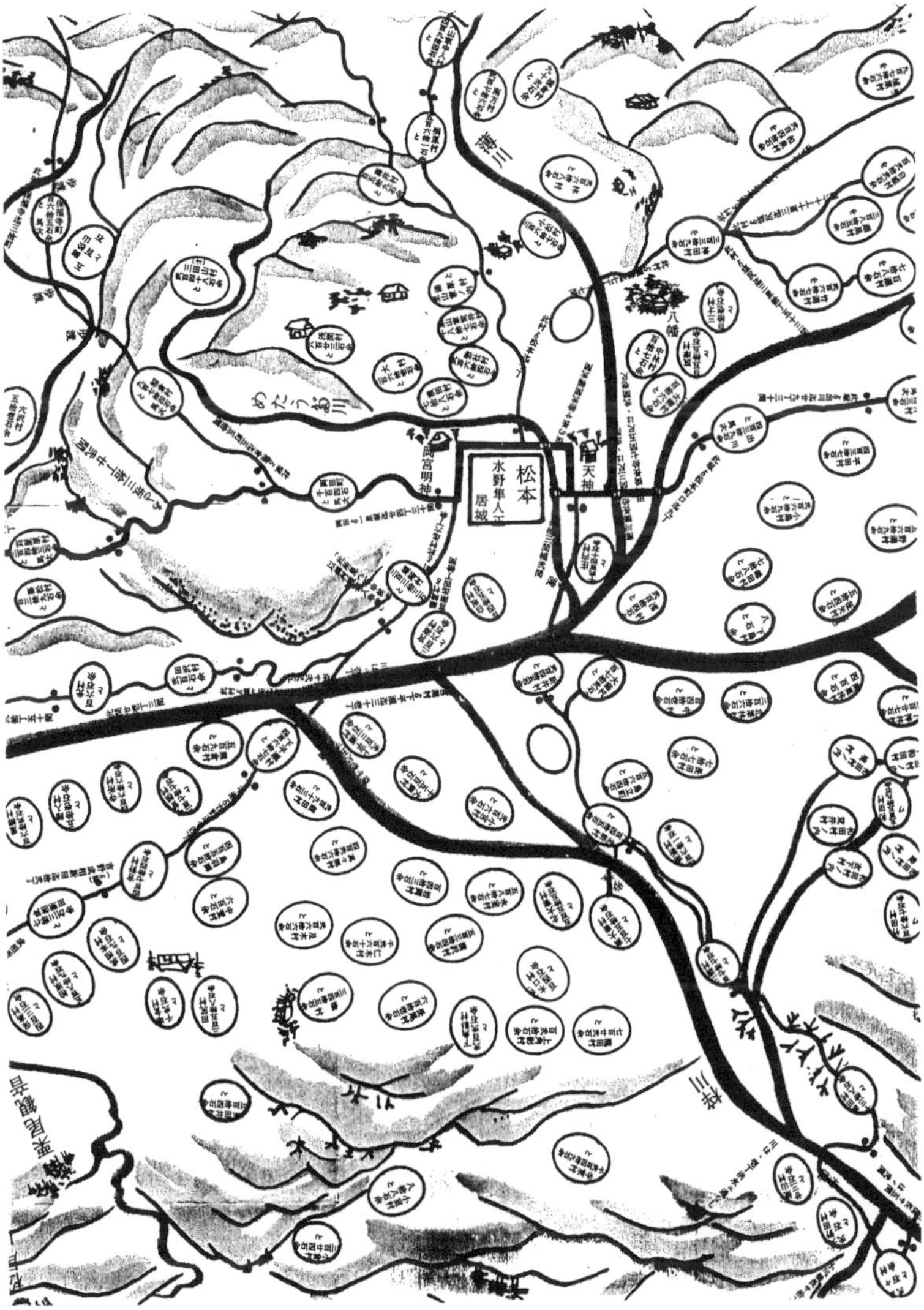

（『長野県史』近世史料編第九巻付録）

成と対の形で国郡図を作ったことにある。しかもこの国郡図は全国共通の縮尺によって全国地図として作成された。この作成の意図は、幕府が大名領国といった観点からではなく古来からの国郡制の上に立った中央政権としての名声を確立することにあった。正保の信濃国絵図の控えは、現在上田市立博物館にある。

水野氏の略系図

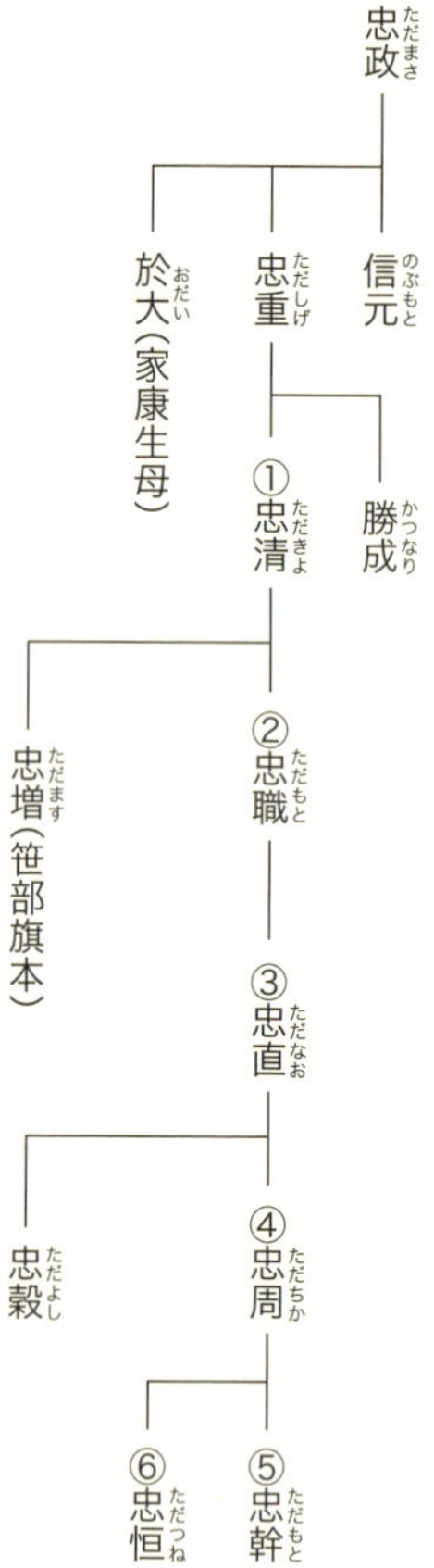

二代目水野忠職藩政を固める

水野家二代目忠職《ただもと》は、正保四年（一六四七）八月、三五歳で襲封する。忠職の治世で最も大きなものは、慶安検地の実施である。水野家七万石の財政は、入部七年目に開始されたこの慶安検地によって確立した。明治の地租改正に至るまでの基本の土地台帳は、この慶安検地帳であった。この検地高は十一万二千石余りになったが、この検地の評判は悪く、まだ検地も終わらないうちに再検地の要請が激発した。時には検地のやり直しが行われて田から畑地への斗代《とだい》★下げとなり、時には永引地《えいひき》★となって何十石、何百石単位で減税となった。正徳三年（一七一三）までの検地後約六十年間で、斗代下げ・永引地両者併せて九二八七石余り、約一万石の減石に及んでいる。

一方、水野家の民政確立を示す領内法度★の公布も慶安期からみられる。その最初のものは、慶安元年（一六四八）閏一月の御条目である。これは水野家民政の基本法であった。まず組ごとに大庄屋を立て、年貢の免相《めんあい》（年貢率）は代官・郡奉行らの検見《けんみ》★で定め、一組に二、三カ所の蔵を設けて、年貢の納入は十月からと定め、さらに小役金は金納とするなどと年貢の諸制度を定めている。

また、親郷《おやごう》★の中の小村分けをすすめ、川除普請《かわよけ》★を年始めに申告することや、往還町並みの家作や村々の家作造りも推奨している。稲の品種もこぼれ籾にかたよらない良品種を進め、種貸しの利息も四割を二割に引き下げるなど、村政の基本を指し示したものであった（『三郷村古文書集録』所収丸山家文書）。

慶安元年の三月には百姓訴訟法の規定を示した。この法は郡奉行への「越訴《おっそ》★」を認めて代官らの百姓への非分★を抑えたものであった。もっとも、この規定は四年後の慶安五年には改められ、すべてそのところの庄屋の先立ちで必ず代官を通

▼**斗代**
石盛、反当りの収穫量。

▼**永引地**
年貢を永久に免除する土地。

▼**領内法度**
領内支配の基本法。

▼**検見**
軽量に基づいて租額を決めること。

▼**親郷**
中世の郷にあたる。分村前の親村。

▼**川除普請**
河川の氾濫を防ぐ工事。

▼**越訴**
庄屋や代官を通さない訴え。

▼**非分**
道理に合わない不正。

すという出訴の手順を明確にした。そして、越訴を非分として過料または牢舎の罪としている（『長野県史』近世史料編②―1）。

寛文の大飢饉

忠職の時代の大きな飢饉は、寛文の飢饉である。寛文六年（一六六六）から寛文十年まで四年間の連続した大飢饉であった。飢饉の深まった寛文七年の三月から十月にかけて、酒造減らしや村方の者の松本町への酒買いの禁止、もし見かけた場合はその酒を押収し過料一貫文などとも定めている。また村人たちのたばこ作の本田畑作りの禁止とか、雑穀売りについても規制を加え、御蔵相場で買い上げるからと商人売りを差し止めたりしている。翌年の寛文八年の二月には、酒造の半造りを指示し、八月には、松本藩初めての七カ条の倹約令、奢侈禁止令を示した。

百姓御救いの掟書

当時藩主忠職《ただもと》は、承応《じょうおう》元年（一六五二）から大坂城の城代を務め、民政は奉行らに任せきりであったとして、部下三人に調べさせたところ百姓らの困窮を知って

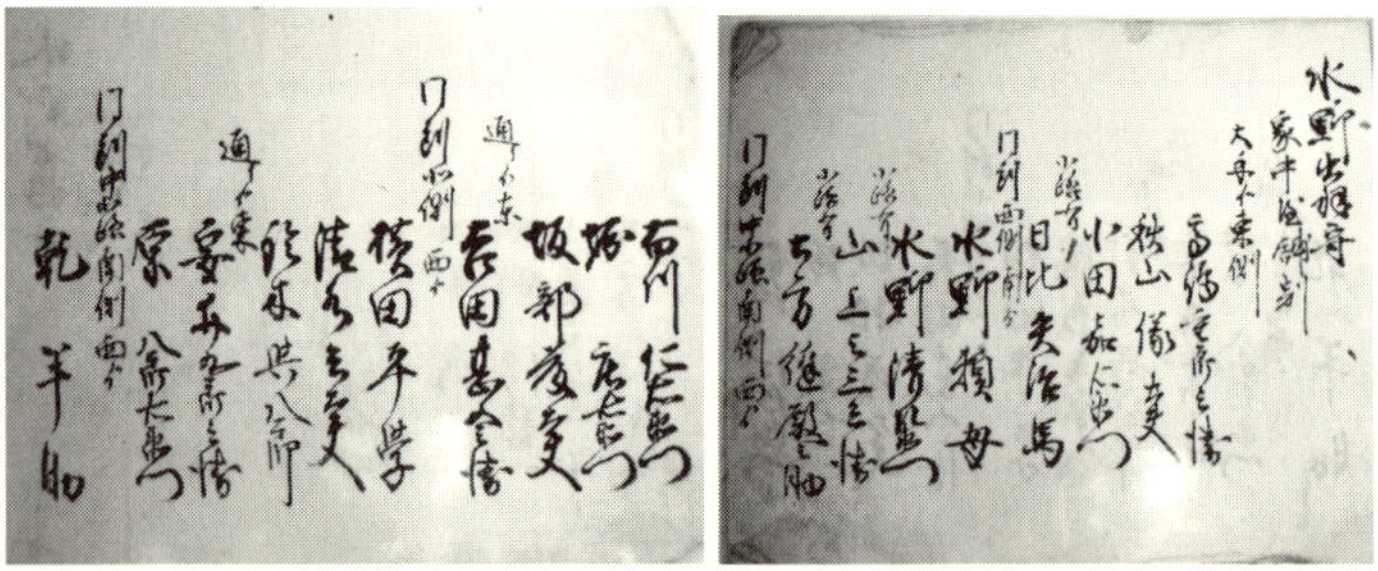

水野家の屋敷割り
（松本市立博物館蔵）

掟を出した。これが寛文七年（一六六七）に藩主水野忠職が示した収納の掟書《おきてがき》である。

「近年打ち続く諸国荒年によって穀物高直《こうじき》★になり、町人・百姓ども困窮の体《てい》に聞き届け候」と、これまでの治世と凶作による困窮について言及した上で、「ついてはたとえわずがたりとも非分《ひぶん》の収納のないように、代官および下代に至るまで申し渡すべし。背いたものには切腹申しつける。百姓痛み候ては耕作不如意となり小利大損となろう。納めのことは斗升計量にいたるまで気配りをし百姓痛からずように申し渡す」（『長野県史』近世史料編⑤―1）と、公正な収納方について厳しく指示している。これは「百姓痛まぬように」と役人に対して百姓成立《なりたち》・御救いの仁政を命じたものであった。

その意味で、この法令は、松本領の小農維持策、百姓保護策の姿勢を明確に示した画期的なものである。

三代忠直《ただなお》の寛文九年には百姓困窮のないようにと領内法度三二カ条と収納の法度一八カ条を公布しているが、この延長線上に位置づくものであろう。寛文九年の領内法度は最初に公儀法度の遵守《じゅんしゅ》と孝弟忠信の儒教倫理を基本にすえ、奢《おご》りをいましめ家業の怠りを厳科とし、もっぱら勤勉の精神を説き、一方ではまた奉行・代官以下家中奉公人の非分の訴えを認めるなど百姓保護策を規定している。この法度は元禄期まで繰り返し発布されている。

▼高直
高値段。

とはいっても、この長い飢饉やそれまでの過重年貢による「百姓ども困窮の体」をうけて、藩主忠職の治世の評価はあまりよくない。戸田家編修の『本国事記』には「百姓難儀致し、世間取り沙汰悪し」とある。もっとも忠職自身については、別のところで「この人才幹ありて経綸《けいりん》遺《い》業《ぎょう》多かりし」とその評価は高い。

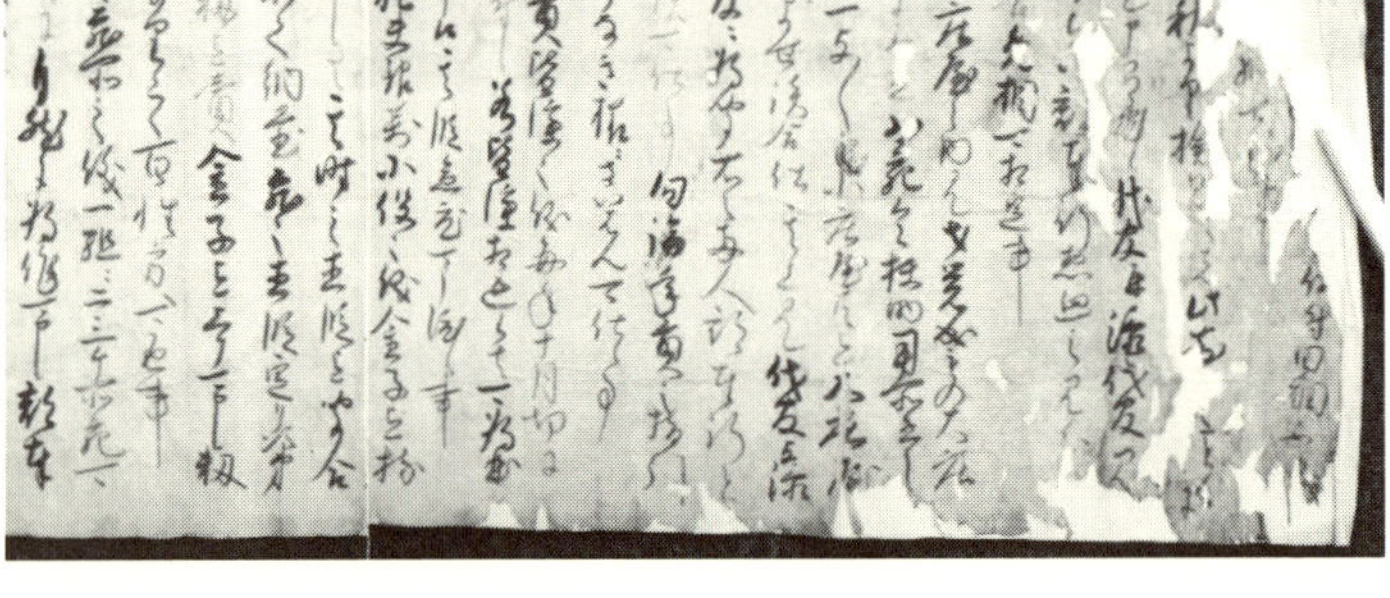

慶安元年の御条目
（丸山重隆家文書）

②

水野忠直の悪政と善政

三代目忠直は、寛文八年（一六六八）遺領を継ぎ、延宝（一六七三）から天和（一六八一～八三）にわたる断続的な凶作時には圧政に走るが、貞享騒動をきっかけに百姓保護策に転ずる。忠直の元禄政治は、神輿寄進をはじめ、能や狂言、五節句の飾りや茶道などと、京や江戸の諸芸能を積極的に導入した。筆者はこれを善政と呼ぶ。

三代目忠直の悪政

水野家三代目忠直《ただなお》（一六歳で襲封）の施政は、寛文八年（一六六八）から正徳三年（一七一三）までの四十五年間の長期にわたる。

忠直の性格は、諸大名の風評を伝える『土芥寇讎記《どかいこうしゅうき》』によれば、「忠直は文武共に学ばず、武芸を好み勇気盛んにして才智発明なり。但し短慮にして怒りを現し、人使い強く見る。哀憐の心なき故に家民共に安堵の思いなしと沙汰あり」▼と、時の人々から評されていたとある。とりわけ「哀憐の心なき故に家民共に安堵の思いなしと沙汰あり」などとする厳しい評価は、忠直の施政前半期に合致する評価である。

この時期は、忠職《ただもと》の寛文期の善政から離れて、後半から始まった大飢饉は延宝《えんぽう》二、三年（一六七四～七五）の飢饉、延宝八、九年の飢饉へと続き、天和三年（一六八

水野忠直の評——意訳

忠直は、学問も武芸も共に学ぶことは少なかったが、ただ武術だけは好み、勇気盛んで才知にたけていた。しかし性格は短慮で怒りやすく、人使いがあらかった。やさしさやなさけに欠けるため家民ともに安堵の思いなかったという。

三）からは逆に極端な米価安となって武家の財政をおそい、そして貞享《じょうきょう》三年（一六八六）の大騒動につながる年貢増徴などの圧政の時期と重なる。

しかしこの忠直の評価は、貞享（加助《かすけ》）騒動をさかいに大きくかわる。

戸田家編修の『本国事記』は、この様子を「忠直の世は政事よかりしといえども事蹟訳ならず」と書いている。忠直の政治向きがよかったとしているのは、この後半期を指すものであろう。しかし、「よかりし」とする評価も、「訳ならず」とその理由がわからないとする疑問符はつけている。

惣百姓強訴の貞享騒動起こる

貞享三年（一六八六）、この年の年貢上納は籾拵《もみこしら》え★について納《おさめ》手代（藩の年貢担当者）から厳しい命令があった。当時の籾はのぎ（芒・稲の先毛）が長く、籾の俵入れを多くするために手間のかかる籾の踏み磨き★を命じ、その上今年は例年籾一俵玄米にして三斗摺り（玄米にして三斗入れ、他藩は二斗五升）のところ、三斗四、五升入れという増徴命令であった。

納手代が村々を巡回点検するうち、とうとう長尾組の中萱《なかがや》村で訴訟となった。前庄屋の加助がいろいろとその理由を質したところ、納手代らが怒って杖で打ちかかったため、これをきっかけに激しい争いとなった。

▼籾拵え
脱穀をすること。

▼踏み磨き
臼や桶に入れて芒《のぎ》を取り除く作業。

納手代らは直ちに帰藩し、一方加助らも、これはぬきさしならない事態として受け止め、楡《にれ》村の前庄屋善兵衛らと相談し、一揆の力で出訴《しゅっそ》★することを決意した。

それよりいつしか「何れの村より出しけん」と車回状★が回された。

「ついては皆々握り飯を数多くこしらえ、蓑薦《みのこも》で身を包み、十月十四日早朝を期して松本へ男役（十五歳から六十歳までの男子）で出るように、もし出ない村には火をつけ申すべく候」

十月十四日夜明け、一揆勢は城下四方の口々から入り込み、大手番所から東町大橋にかけての上土《あげつち》・縄手《なわて》通りに集まり、郡奉行宛に五カ条の訴状を提出した。五カ条の内容は、①籾踏み磨きは迷惑のこと。②籾一俵玄米にして三斗から三斗四、五升入れとは迷惑。高遠・諏訪領並みの二斗五升入れにしてもらいたい。③大豆で納める金納分の値段は籾値段並みにしてもらいたい。④江戸廻米に損耗分一升の加算や、販売米となる廻米の領外金沢・浦野宿までの駄賃負担は迷惑のこと。⑤小人（奉公人）の人選が厳しくなった上、給金の余内金（村負担）は迷惑のこと、などとする五カ条であった。

この訴状でいう訴えの正当性は、この五カ条の内容いずれも、先年にはなかった増徴新法であるから、この新法を不当として旧法への復帰を願いあげたものであった。

▼出訴
訴え出ること。

▼車回状
傘《からかさ》連判状ともいい、発頭村や発起人がわからないように車状に連判署名したもので、一蓮托生の意思を示した。

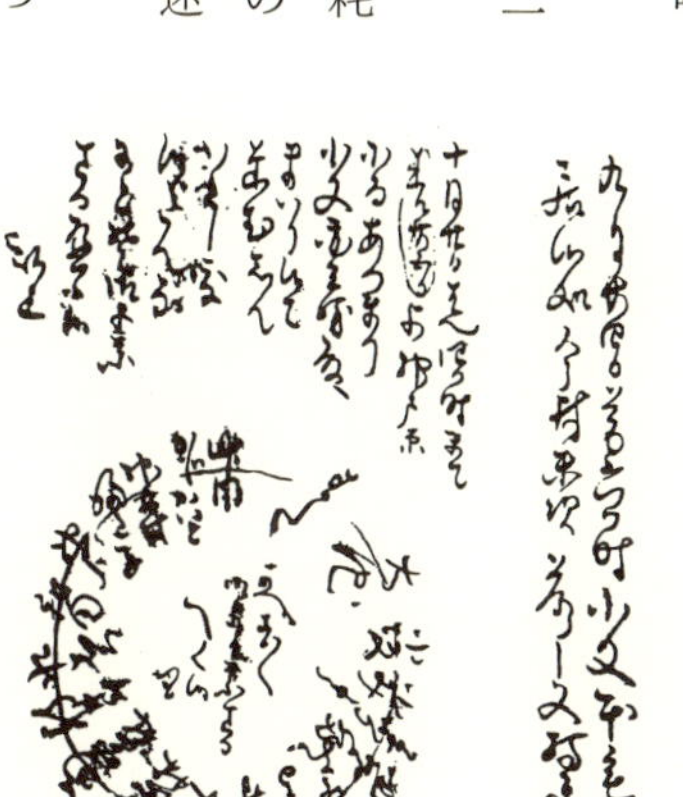

天保七年小俣村にまかれた米無心の落し文の車回状
（松本市文書館丸山家文書）

そして十六日には、一七〇〇人あまりの者が上土・縄手辺りに群集し、そのほかの者は城下を取り巻くように町中はもちろん、町方周辺や勢高《せいたか》、筑摩・女鳥羽川原などに大勢が集まっていた。なかには解決が長引くと、米屋の打ちこわしにかかる者もでてきた。

あわてた藩は、この日の夜、増徴は納手代らが勝手にしたものとして彼らを役儀からはずし、籾一俵三斗摺り（玄米にして三斗入れ）、籾踏み磨き無用とするなど訴訟内容をおおかた認めた回答が示された。

これで多くの村人たちは帰村した。しかし、三斗摺りではまだ納得できないとする百姓ら一四〇〜一五〇人の者は、馬喰町に移動し、翌日にはまた方々に呼びかけを始めた。集まった四〜五〇〇人の者が、十八日になるといよいよ江戸への直訴だと息巻いていた時、今まで不参加であった麻績《おみ》・会田《あいだ》組四〜五〇〇人が合流すると、群衆はその勢いにのって気勢が上がった。

これを見て、夕刻、藩は他領並み一俵玄米にして二斗五升入れを認めた。百姓らは得心（納得）してすべて帰村した。

ところが二十日になって、お礼にきた村役人たちに対して「二斗五升入れの証文は後に居残ったものに与えられたもの」という詭弁《きべん》によって圧力をかけ、組々から証文を取り上げ、その上新たに三斗摺り願いの証文を提出させた。

一方、江戸藩邸とも連絡をとって、三斗摺り願いこそ百姓たちの願いであると

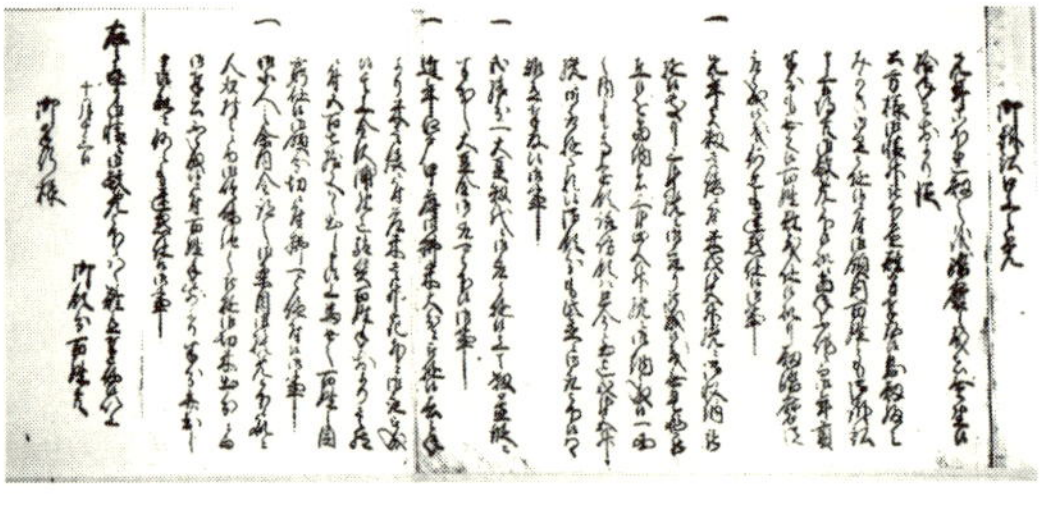

五カ条の訴状

幕府老中に報告し、その了解を得るや、二十三日付けの藩主忠直の書状で騒動鎮め方の了解と御仕置★の命により、十一月六日から村々の騒動参加者を報告させ、十五日夜半から十七日にかけて首謀者の逮捕が始まった。

そして十一月二十二日、頭領の者とする一一人と、その兄弟・子ども（男子）一七人合わせて二八人、安曇の者は勢高刑場で、筑摩の者は出川刑場でことごとく磔（八人）または獄門（二〇人）という厳罰となった。

処刑の翌日、五カ条の願い一カ条も許さずとする覚書が領内全村に配布された。従来、この一条によって、騒動の成果は全く得られなかったとされてきた。しかしこの五カ条は、先代の慣わしどおりのことを申し出たものであるから認めないとしたものにすぎなかった。

では、事実はどうであったか、確かめてみると、踏み磨きは廃止され、二斗五升摺りは実現しなかったが、増徴の三斗四、五升摺りはなくなった。大豆値段も籾値段同様ではないにしてもその差はほとんどなくなった。江戸廻米は、損耗分は五合までとなり、俵拵えも簡素化された。江戸着きも遅れてもよいなどとしている。

しかし何より大きいことは、強圧的な増徴策はなくなり、増徴新法に歯止めがかかったことである。長尾組手代の「御用留日記」の中にも「百姓どもにいろいろ御赦免（御救い）」を頂いたと書かれているように、百姓成立《なりたち》・相続を認める

▼御仕置
罰を加えること、処刑すること。

加助屋敷跡

行政のあり方、代官・納手代らの村政への介入を制限してより村の自治が実現していく方向にかわり、その後の豊かな安曇野や筑摩野の前提ができあがったことである。

この騒動は、越訴で始まる強訴★であり、打ちこわしをも伴った複合の百姓一揆であった。もしその主要な形態を見るとすれば、明らかに一味徒党の強訴である。またこの騒動を規模の面から見ると、藩がまとめた参加村調べでも、全体では六六パーセントの参加率であるが、条件の異なる金納の村を除くと、八八パーセントの高率となる惣百姓一揆であった。

▼強訴
徒党を組んで強硬に訴える。

忠直の好んだ松茸狩りの遊山

前述したように、忠直の評価は、貞享（加助）騒動をさかいに大きくかわってくる。『本国事記』の「忠直の世は政事よかりし」とする評価については先に触れた。歴年記録集の「太守累年記」（松本市文書館河辺文書）によれば、元禄十年（一六九七）の極楽寺参詣にふれて「忠直公至って御仁心（仁愛の心）御実体《じってい》なる」御人（御仁・お方）といい、御仁心の人柄であって寺社参詣などの「御野行」御遠行を好まれたとある。

忠直は行動派の人物でもあったから、寺社参詣を兼ねた野遊山を好み、松茸狩りや川干し漁によく出かけ、お祭りや五節句の行事、能や狂言などのイベントも心ゆくまで楽しんでいる。

元禄三年八月二十一日、波田の若沢寺や梓川の熱田神宮、真光寺の阿弥陀如来参詣を兼ねた波田の松山や小倉室山の松山での松茸狩りを楽しんでいる。このときは家老をはじめ奉行・代官ら一〇人、目付・歩行小頭・小屋奉行・小姓衆ら七人、それに二人の医者や茶道師、賄奉行や料理人三人、熱田の神主そのほか大勢のお供の者を引き連れた大一行であった。この時の成果並びに献上の松茸は、小倉室山の松茸が三八〇本、上野組（梓川）の献上松茸一四〇本、方々からの献上初茸六、七斗ほどとなっている。野行きのところどころの休息時の、松茸の料理やお茶を楽しみながらの松茸狩りの遊山は、よほど興に入ったのか九月六日にも実施されている（『長尾組与手代御用留日記』）。

もっとも、このような松茸狩りの遊興は、後代何れの藩主も年中行事として楽しんでいる。

忠直の神輿寄進と諸遊芸の導入

また城下町の宮村・岡宮の祭礼には、籾や金子の寄進を行って祭りを盛り上げ、元禄五年（一六九二）からは境内での舞台の曳き回しが始まっている。そして、元

忠直寄進の宮村両社（深志神社）の神輿
（松本市教育委員会『松本のたから』より）

禄十一年、藩主忠直は、宮村の明神・天神両社に見事な二基の神輿を寄進し、続いて十二年には岡宮神社にも神輿の寄進を行っている。この神輿は工芸的にも極めて価値の高いものとして現在松本市の重要文化財に指定されている。

こうした神輿の導入をはじめとして、祭りといい五節句の倣《なら》いといい、諸遊芸など、華やいだ元禄時代江戸の風俗を松本にもってきたのである。

水野忠直から忠周《ただちか》にかけての城内城下の様子について、水野家家臣望月通俊《みちとし》らによる聞き書きでまとめた『松本御代記』は、その様子を具体的に語っている。

「松本の頃、御城内では能・狂言などが行われるときは、城下の者までが見物を仰せつけられた。能役者など一式召し抱えられており、年限で限られることはなかった。そのほか、茶湯などは、祖父が遠州流の稽古を仰せつけられて、九年目に真の天目を伝受するまで、およそ六〇〇両ほども謝礼かたがた入用金としていただいたという。また、碁や将棋などまで稽古を仰せつけられた。武事のほかこのような御遊芸などまで、事欠けることがなかった」

などと、武術のほか能・狂言・茶道をはじめ囲碁・将棋におよぶ諸遊芸を稽古奨励し、祖父の望月久英などは、茶道天目伝受の勉学に九カ年六〇〇両の奨励金を得ている。

城下の様子についても、

「川南の天神祭は六月二五日、川北の岡宮祭礼は七月二三日、この祭礼のとき

忠直寄進の岡宮神社の神輿

水野家の屋敷割り
（松本市立博物館蔵）

は、屋台を曳き回し、年によっては踊りなども行われ、殿様の上覧などもあった。そのほか正月・三月・五月の節句などはさして江戸とかわることはなかった」などと、祭りも節句も「さして江戸にかわることはなかった」と言うほどに、江戸の風俗は松本にも導入されていたのである。筆者はこれを善政ととらえた。

大舞台を張った城下町のお祭

宝永二年（一七〇五）には、宮村明神と天満宮の二社が並べられて、前通りがひろげられたため、神輿や屋台の曳き回しも便利となった。子どもたちを中心に狂言や踊りも繰り出されるようになった。

享保九年（一七二四）、町人たちはこの幣殿の前広場に、二間半と六間、高さ三尺五寸の踊り台を造り、その上に板をならべ莚《ござ》を敷いて大舞台を張った。岡宮でも同じように舞台が造られた。この大舞台で、町ごとに踊りを繰り出す大祭りが行われたのである。踊りは主に七、八歳から一二、三歳の子どもたち三人から一〇人くらいのグループで行われた。

- 博労町は、大神楽獅子舞、獅子舞太鼓、曲まり太鼓
- 伊勢町は、大黒踊り、あみ踊り、たんぜん踊り
- 本町は、竹馬踊り、塩くみ踊り、たんぜん踊り

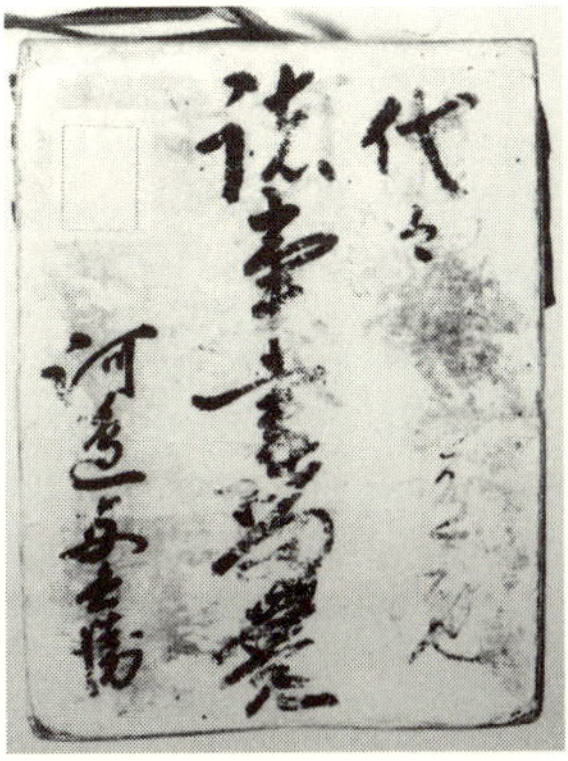

祭礼などを記録した「諸事書留覚」

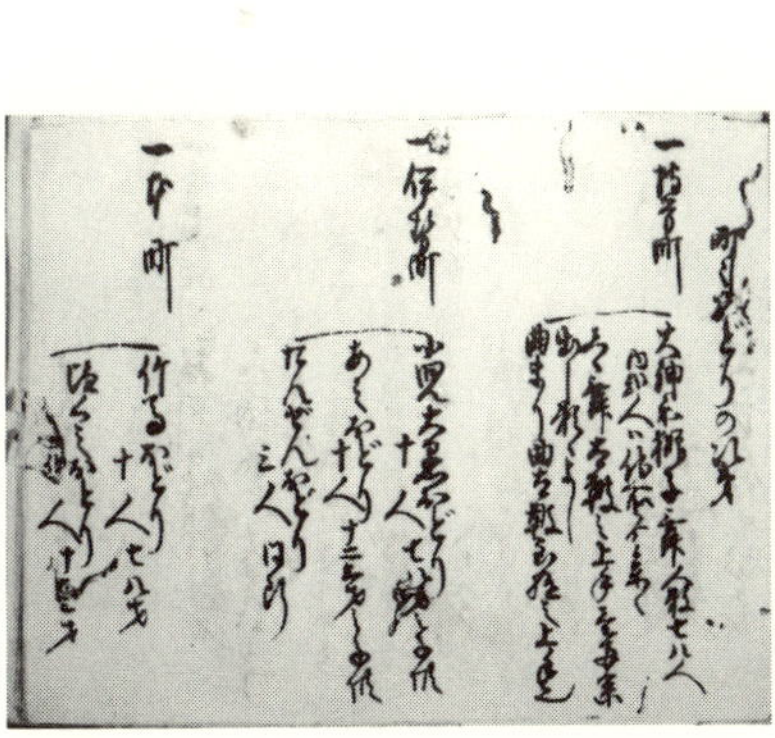

・宮村町は、揃川踊り、はんたんたん売り
・小池町は、茶摘み踊り、三番叟
・飯田町は、住吉踊り、三本扇の踊り
・中町は、ちょうな踊り、文車踊り、まくら踊り

岡宮でも同じように行われた。

・安原町は、天人踊り
・東町は、三丁ごとに雪降り踊り、けいせい道中、さしかさ踊り
・鍛冶町・上下横田町も、それぞれ行われた。

お宮は見物人で大群衆となり、「中々上出来大当たり大当たり」とか、天候は朝から曇りがちであったが「涼しく大吉」などとも書き添えられている。もうこの段階で町をあげての祭りは始まっていた（河辺文書「代々諸事書留覚」）。

御用金策の始まり

『本国事記』は、「よかりしといえども事蹟訳ならず」とする評価の次に、水野財政が御用金策に陥ったことも掲げている。御用金策の開始である。

「農商へ御用金九千両課せられる。五年賦一万両にて償還。納金上げ入りの輩に、田楽を催され酒を賜う。……その後も農商へ課金徴納せしむること再三」

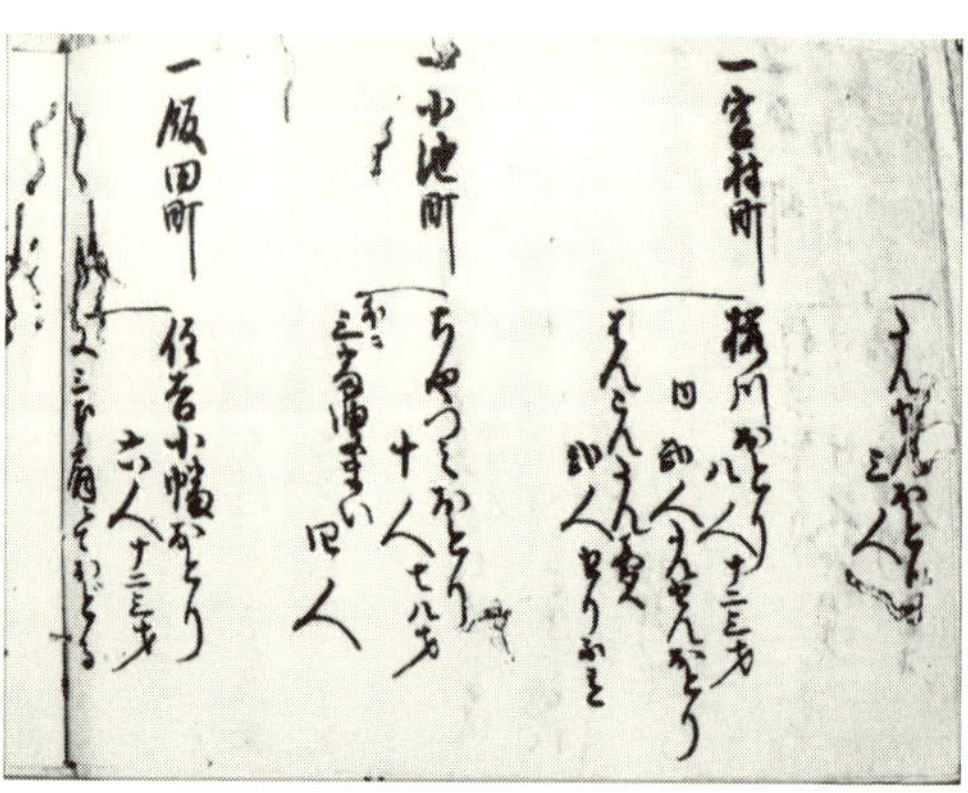

享保九年の祭礼の記録
（松本市文書館河辺家文書）

▼二汁五菜
ぜいたくな本膳料理の膳立て。本膳に飯と汁・香の物のほかになますなど、二の膳に平皿・猪口・汁、別の膳に焼物を添えたもの。

これを河辺文書は、「御用金指上候人別覚帳」の小帳にまとめている。宝永三年（一七〇六）八月の町方御用金三〇〇〇両の人別帳である。在方は六〇〇〇両、総計九〇〇〇両の御用金であった。この九〇〇〇両は、一〇〇〇両の利金で、五年賦納め一カ年二〇〇〇両ずつ五年間で一万両の積もりで御返済とある。そして御用金上達の者は、町・在ともにお料理のもてなしをうけた。

　このお料理のもてなしについて、「太守累年記」は面白い記述を載せている。八月二十五日、町方役人一同は本丸に案内され、上段からの藩主忠直公の「去年御普請のみぎり、御用金を調え御普請成就万足」とする挨拶の後、料理頂戴のためにお座敷に移ろうとした時のこと「町役人のうち金子御用立ての者ばかり残り、御用立て申さぬ役人は罷り帰るよう仰せ出され候」と、思わぬ事態に遭遇して、さてさてこの時になって「御城より帰り申し候は、残念なること、気の毒なることにて候」と、金子御用立ての町役人だけが、「二汁五菜、★面々淹茶《えんちゃ》」の歓待を受けたという。このとき以降、御用金のときは、役人はもちろん下の者ま

御上意の際の御座敷次第（宝永３年本丸にて）

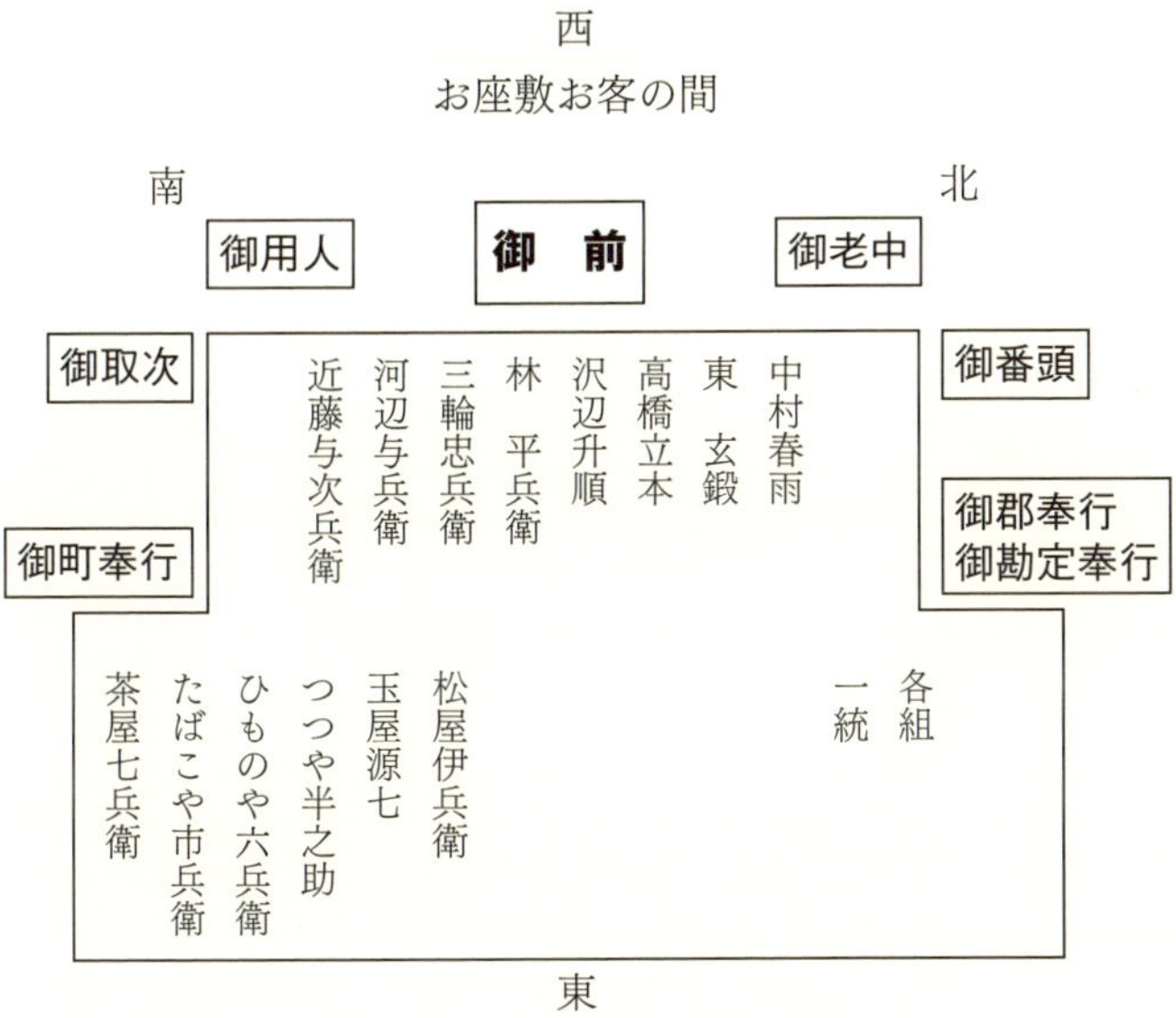

（松本市文書館河辺家文書）

でもすすんで御用立ての願上げをする者が多くなったという。
ここで水野時代の御用金の例をあげると、次のようである。

・宝永三年　御普請のため御用金九〇〇〇両　お料理御馳走
・宝永八（正徳元）年　御用金　本丸にてお能拝見
・正徳元年　三州矢作大橋の御用金九五一両一分　これは正徳四年に前々御用金につきとして御能拝見
・享保三年　忠周逝去諸費用の御用金　町方一三〇〇両　（在方不明）

③ 水野忠周・忠幹・忠恒の改革と改易

正徳三年（一七一三）、忠直の後は四代目忠周が継いだ。享保三年（一七一八）に没するまでわずか五年であるが、歴史書に見る忠周の評価は極めて悪い。しかし忠周施政にみる財政改革は再評価されるべきである。後を継いだ忠幹も同八年五月急逝二五歳であった。古きを考え今を知るための地歴書『信府統記』は落とせない。兄と比較された弟の忠恒は改易となった。

四代目忠周治世の再評価

忠周《ただちか》の施政は、正徳三年（一七一三）六月、四一歳で家督を継ぎ、享保三年（一七一八）江戸で没するまでわずか五年にすぎない。彼の人生の多くは父と共にあって派手なイベントや生活ぶりも継いでいるため、忠周の評価はすこぶる悪い。

『本国事記』などは、

「忠周、好事多く殺生に心をよせ、城内に銅の鳥籠を造れり。あるいは申（猿）楽、能、狂言を好み、能大夫を召し抱え俸禄を授く、能具を求むるためには浪費をいとわず、江戸浜町の屋敷焼亡、土木の費大なりしが、ことごとくこれを万民に課す。農商徴発に絶えず、その過剰を怨めりという。徴発四度にして償うことなく万民の愁訴を聴せず。この人妖僧に帰依して念仏に執着し、城中に仏壇を造りて荘厳を極め、武備に怠り、朝務に荒めり。……」

まあ、これ以上の悪口はほかにはないでしょう。旧『松本市史』も、この記述を元にして「忠周、天性嗜癖《しへき》あり」として、数奇者《すきしゃ》で鳥籠《とりかご》にいれこみ、念仏にふけり、能楽や絵画に興ずるなど冗費多端にして、江戸屋敷類焼には財用足らず御用金を課すこと四度、悪声常に絶えざりきなどとある。そのほか多くの歴史書もほとんどこれに準じた評価である。

しかし、これを事実とするには躊躇する。忠周の襲封は四一歳、「太守累年記」によれば、父忠直が長命なこともあって、参勤・帰城を交勤しながら、部屋住みのまま幕府に仕えていた頃の忠周の話としては、本城では神道の祈禱所を造ったり、仏壇をかまえ念仏に明け暮れるなどのことは確かにあったようである。しかし、水野家が出した諸法令で見る限り、家督相続後はもっぱら父忠直放漫財政の後始末に追われていたようである。

正徳四年四月の御用金謝礼のお能拝見は、忠直の死去や江戸屋敷類焼のためのびのびになっていた三州御用金返礼のための能楽の挙行であった。この時は、正徳三年十二月の江戸屋敷類焼によって三州大橋の幕府御用金は免除となり、その御用金は屋敷再建の普請に回されている。そのため、新たに御用金は課せられてはいるが、わずかなもののようである。大量の御用金は認められない。

忠周の嗜癖とされた数奇者についても、話は半分ほどにしておきたい。前述の『松本御代記』は、忠直・忠周・忠幹・忠恒四代に仕えた望月久英（十五石五人

水野忠周が書いた名号の額（西善寺）

水野忠周が描いた絵
（旧『松本市史』）

扶持の茶道頭）の話を載せている。これによると、確かに忠周は目黒の祐天和尚を尊信すること甚だしく、祐天寺建立にあたっては多くの寄進をしたという。しかし忠周の性格はというと、とにかく雷声を嫌い、雷の鳴る日は朝からそれがわかるらしく、その不安気さを隠さなかったといい、「桑原様」の異名までも付けられていたという。このように、むしろ小心で内向的で、信心深く、書画や茶道を好事としていたようである。久英の話では、その後も、絵はあちこち御家中の者が拝領し持ち伝えているものも多いという。今の西善寺（元念来寺）掲額には、忠周自筆の立派な「南無阿弥陀仏」の名号刻字額が残っている。また旧『松本市史』には、忠周の絵が掲載されているが見事なものである。

忠周の正徳の改革

問題の忠周施政については、忠周は正徳三年（一七一三）六月に襲封するや、直ちに財政改革に取り組んでいる。

1、正徳三年、まず江戸家中の者に向けた「江戸御定法」九一カ条を制定し、日常生活の切り詰めを求めている。

2、正徳四年二月には、公用の伝馬や駕籠人足の切り詰めを定めて郷中に触れ渡している。

3、正徳四年の五月には、「会所御定」を定めている。家臣一般の減給を含む新旧給与の配分方法を規定したものである。

4、享保二年(一七一七)には江戸詰人の減人（定員減）について定めている。

5、享保三年四月には、家中に当てて厳しい倹約の回状がまわされている。

6、この年の五月には、家中ばかりではなく郷中村々に対しても、「近年不作打ち続き候に付き百姓ども風俗勝手のため倹約申し渡し覚」とする長大の倹約令を触れ渡している。

7、そしてこの年の十月、藩士への借知令が出された。もう京・大坂はもとより御領分からの借金も尽き果てたとして、この年から八年間、今まで百石に八俵の借知だったものを倍増して一六俵の借知となり、江戸勤めの者は六俵であったが一二俵の借知となった。

このように、倹約・切り詰め令から始まって、人員を削減したり借知策をとるなどの執政中に、殿様ひとりわがままな生活など望めるものであろうか、許されるわけがないのである。父忠直の気儘な生活や放漫な財政の歴史を、忠周ひとりが引きかぶってしまったのである。

五代目忠幹の享保の治世

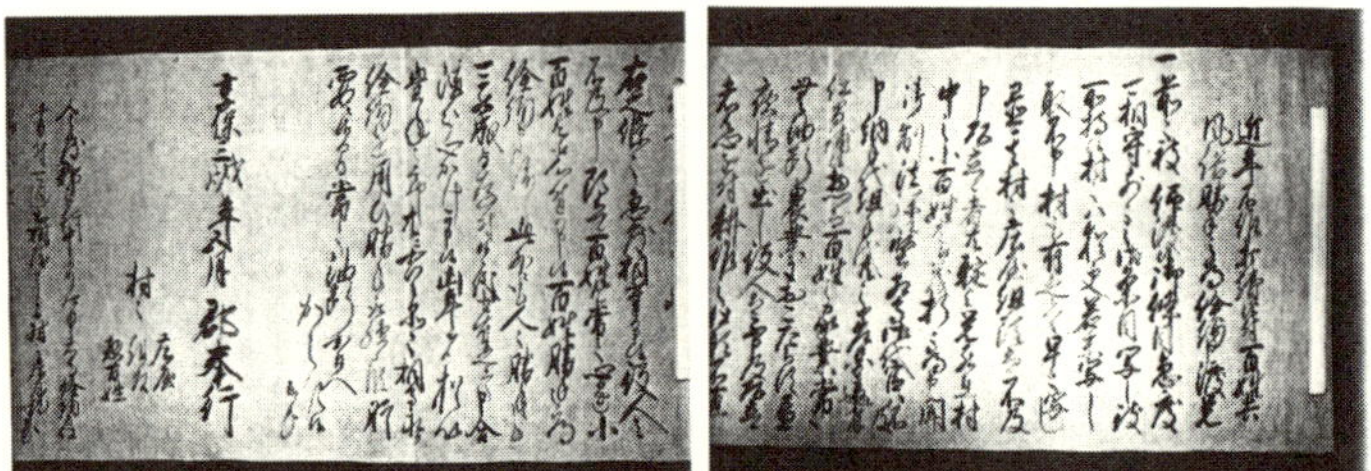

享保三年五月の村々への倹約令（部分）
（安曇野市丸山重隆家文書）

忠周《ただちか》の跡を継いだのは嫡男の水野忠幹《ただもと》である。享保三年(一七一八)十一月襲封し、はやくも八年五月には江戸にて急逝してしまった。二五歳であった。

『松本御代記』の久英によると、

「忠幹公御こと、御容姿も美男にて御仁心、御賢才も御勝れなされ候由、惜しむや二五歳にて御逝去あそばれ、御家中は勿論、他家までもっぱら惜しみ奉り候由、諸芸にも御通達、歌道までも御秀句の由、予が家に拝領せし元旦御試筆の御歌、今に秘蔵せしなり。

水ぬるむ泉のとける春の色を　やゝ見せそめて生る若草

容姿端麗で、仁心の情にあつく、才智に勝れ、諸芸に達し、秀歌にすぐれるなどとある。忠幹が和歌の加点《かてん》を乞うた歌集の写しが今に伝わり、そこには九六首を収めるという(金井圓『近世大名領の研究』)。ここに記した久英拝領の歌は、湧水の地松本の春を愛でる秀歌である。

忠幹は忠周の施政をついで、家中の者の借知に頼りつつも、家中に向かっては、「当家の仕置き大概は、先代の法式に従うといえども、代々の了簡にて事々一様にはこれなきこととなり」(「水野家史料」令示二)と、古例にとらわれない新風をうながし、目安箱を設置して、藩政打開の方策を家中に問うている。また時には家訓を起草して家風を振起するなど、臣下の信頼もかちえた。

忠周から忠幹にかけての時代は、近年にない凶作飢饉の連続していたときであったから、家政内外のやりくりは大変であった。

襲封の年、家督相続の祝儀として、領内村々に一五〇〇俵を下賜し、翌年享保四年十二月には、御用金の要請を不作によって取りやめ、翌享保五年には、組手代らの「近年不作続き、春作も宜しからず」とする願上げも受け入れ、一五〇〇俵の御救籾を発給している。一人あたり籾七合ずつ、長尾組の例では五〇九八人、四〇石九斗七升あまりとなる。

古きを考え、今を知るための『信府統記』

しかし、忠幹が後世に残した最大のものは、享保七年(一七二二)九月、「政事の一助たらんがため」とする忠幹の命によって編纂された藩の地歴書『信府統記』である。家臣鈴木重武・三井弘篤両名によって編纂が開始され、享保九年十二月に完成した。

長尾組の「御用留日記」には、享保九年の閏四月、五月の項に、寺社縁起調べや城山調査報告の記事のことが載っている。完成ぎりぎりの期日まで資料集めに没頭していたことがわかる。こうして集められた資料の中には、「筑摩・安曇の両郡に於いて、旧俗の伝えるところの記録少なからず、その説詳ならざること多しといえども、これまた古きを考え、今を知るの一端なれば棄て置き難き故に、

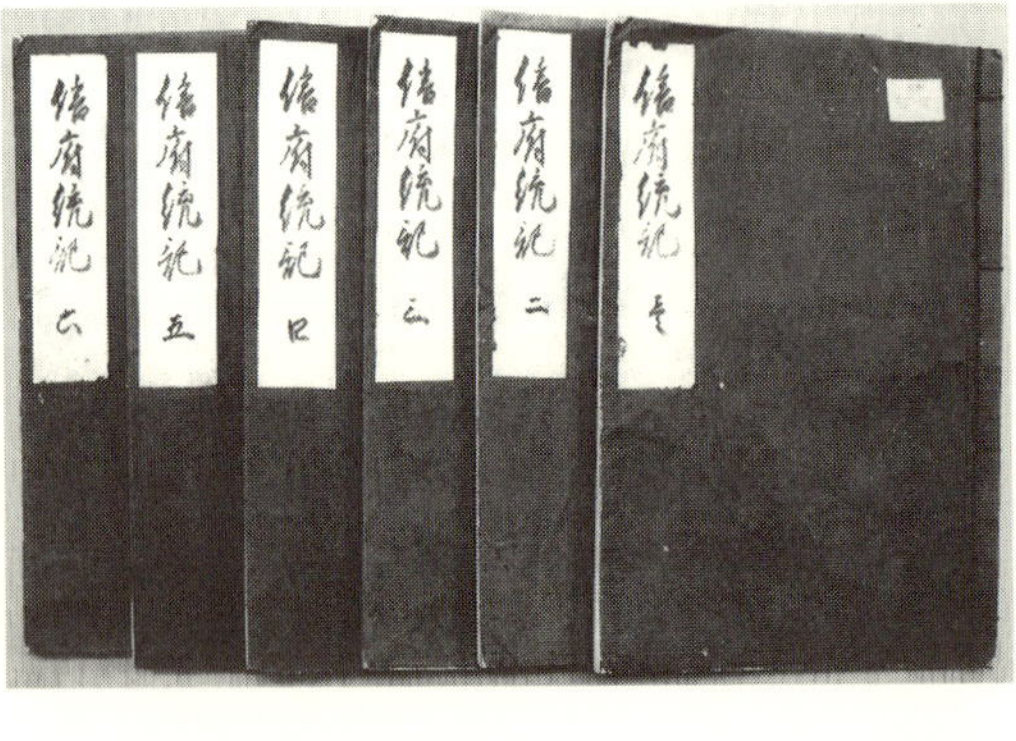

『信府統記』(務台久彦家文書)

別に集めて一巻となす」として、この予期しない増巻には、泉小太郎の話や八面大王の話、勧請した神々の話、この地を闊歩した武人の話などを載せている。安曇野・筑摩野に伝わる壮大な物語は、「古きを考え、今を知る」の一端として書き残されたのである。

六代目忠恒「御短慮」の人となり

忠幹は死の直前、享保八年(一七二三)の五月、

「この度我ら儀、大病をうけ、快気はからい難く候につき、修理(弟忠恒)儀養子の願い申し上げ候間、死後修理へ家督仰せつけられ候はば、公用・私用ともにいよいよ精を出し、忠節の志を忘れず勤め候ように存ずることに候。存命のうち認《したた》め置くなり」

と、死を予期して、弟忠恒《ただつね》への家督相続を遺言している。

忠恒は、兄忠幹の遺言により享保八年七月遺領を継ぎ、九年三月初めて封地松本に帰着した。

容姿端麗にして才智に勝れた兄忠幹より二歳下の弟忠恒は、生来兄と比較され、うとまれて生育したこともあって、野放図で野行き(遠遊)を好み、時に酒色におぼれた。『松本御代記』には「忠恒公、御事至って大酒、その上焼き唐辛子を

弘法山の泉小太郎像

一度に三つ四つも食し成され候由、常々とも御短慮の念はあらせられ候ゆえ、御近臣らは御勤め危ぶみ候ものも多き由なり」と、大酒の上悪食で気性も荒く短慮とあって、藩主としての務めも危ぶまれていた。

　享保九年七月の犀川熊倉橋前の川干し漁は、なんと総人数一九七五人の動員に及んでいる。八月二十三日には、山家湯治場から長尾の平福寺参詣を兼ねた小倉室山での鷹狩りに興じ、九月三日には波田の松山で松茸狩りを楽しんでいる。

水野家の改易——「松本大変記」

　享保十年（一七二五）二月二十七日江戸に向かうが、その少し前、近臣の者に漏らしたという。忠恒公は天文を好み、星占いを楽しんでいたが、ある夜、城から空を仰いで「再び帰城はからい難しなり、我が身に当たれる星光不明、いずれ自分にわざわいこれあるべし」と言われたという（『松本御代記』）。

　そして、はからずもこの年事件が起こった。

　享保十年七月二十一日、大垣城主戸田伊勢守《いせのかみ》氏長の息女との婚儀がととのい、連日の祝宴によって、忠恒はあたかも「心風狂発《しんぷうきょうはつ》の気色」となり、七月二十八日の将軍への成婚の挨拶は見合わせたいとの意見もあったが、二十九日祝儀のため登城が重臣らによって強行された。

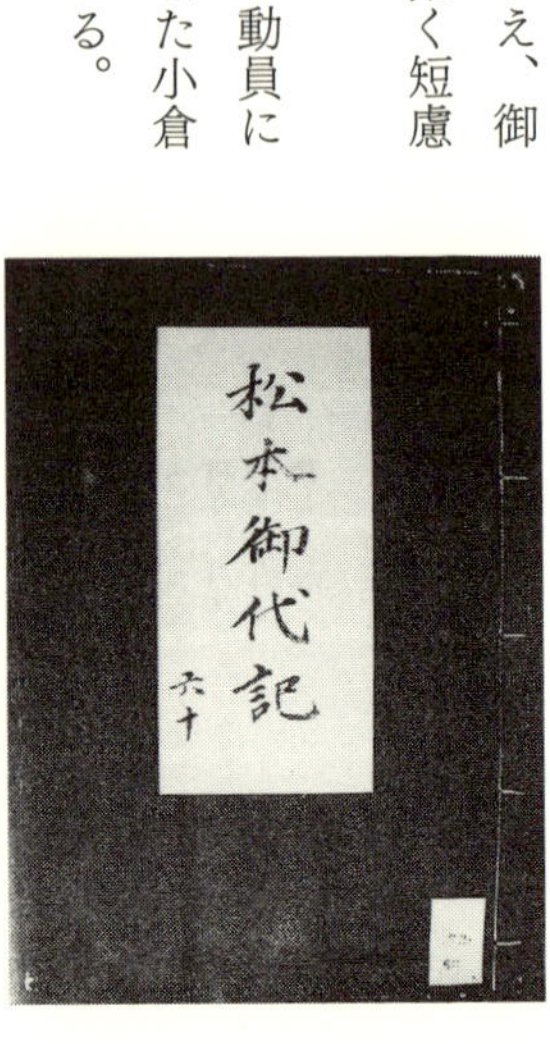

水野家史料『松本御代記』

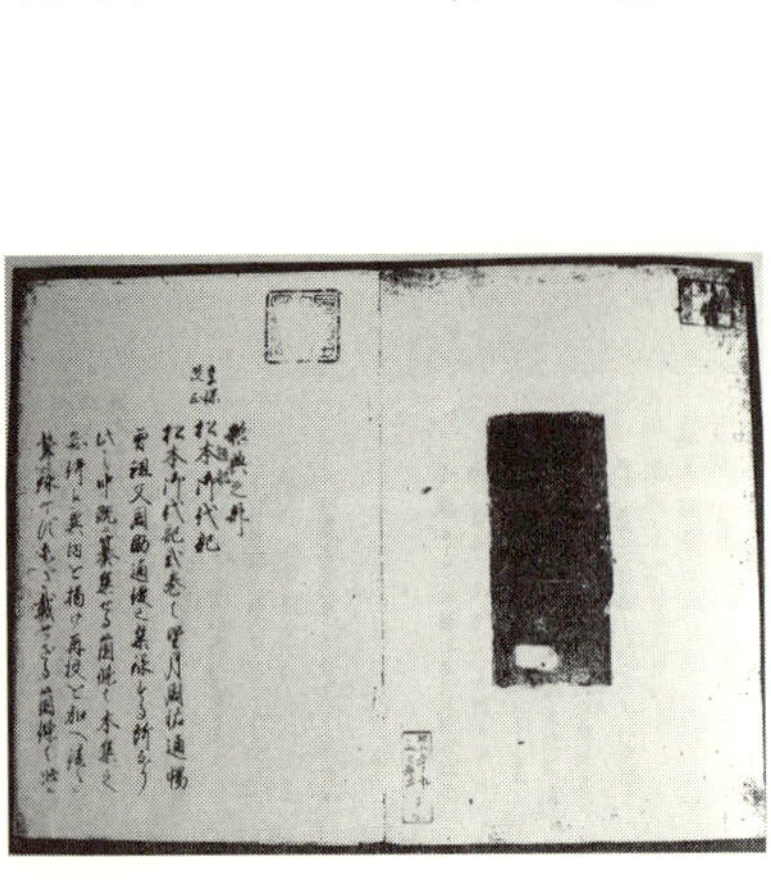
『松本御代記』

そして、将軍拝謁《はいえつ》は無事終わったが、同じく参勤《さんきん》挨拶後の長州藩毛利家の世嗣師就と松の廊下ですれちがい、師就が扇子を差したとき、突然忠恒が小刀で切りつけた。忠恒は直ちに廊下番の者に取り押さえられて事なきをえたが、取調べにあたって忠恒は、「自分の常々の不行跡が上聞に達して、今日領地が召し上げられて毛利に与えられたものと思い切りつけた」と答えたと言う。

忠恒は、ただちに川越城主の秋本伊賀守《いがのかみ》に用達と医師二人をつけて預けられ、領地没収（改易《かいえき》）となった（水野家史料「水野家始末記」）。

しかし、水野家は、当時幕府若年寄であった分家の水野壱岐守の計らいもあって「勲旧の世家、全く廃すべからず」としてお家断絶だけはまぬがれた。八月二十八日、忠直の子卯之助、名改め惣兵衛忠穀《ただよし》に佐久郡のうち七千石、また忠穀の兄宮内忠照には二千石を賜った。

「忠恒江戸城にて乱心」の急報は、七月三十日着の飛脚によって松本城に届けられた。家老・年寄・奉行・代官らはもとより、足軽から中間・奉公人に至るまでお城に集められて、その事情を告げられた。

これによって、九月二十六日までに城内外ともに引き払うことになった。この人数は家族も入れて、

・在城の者　六一九一人
・江戸屋敷の者　三九二二人

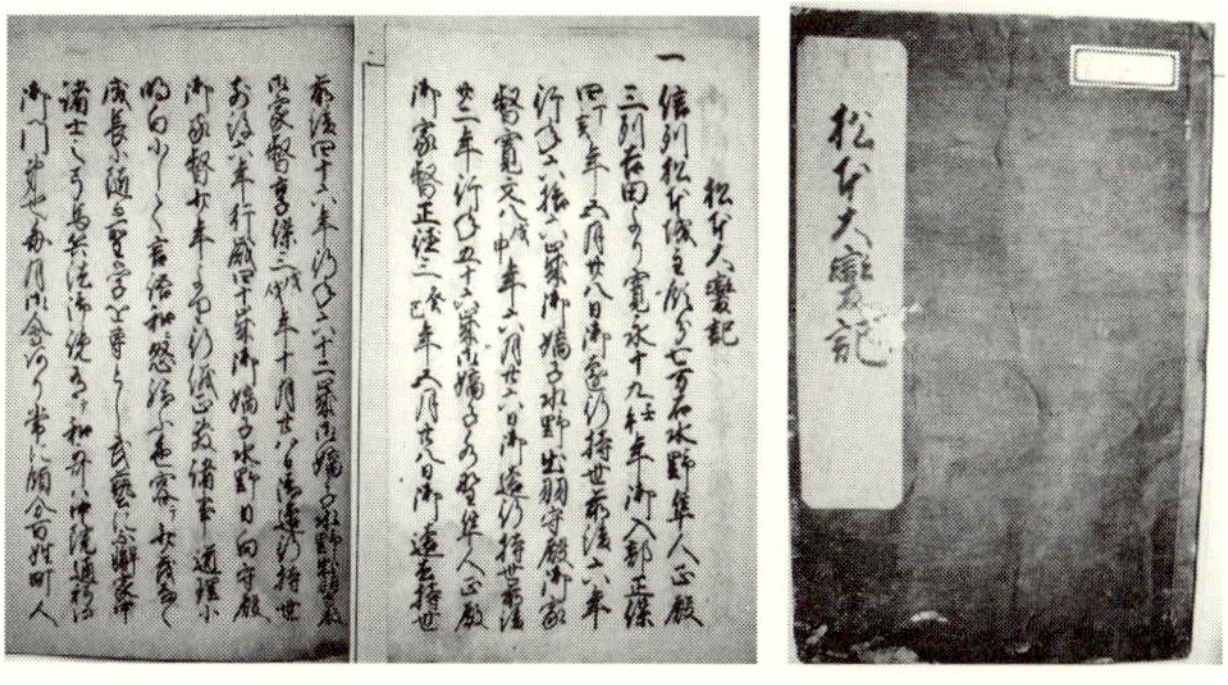

水野家改易を記した「松本大変記」（松本城管理事務所蔵）

・総人数　一万一一三人、この総家数は二〇一四戸

この者たちは、みな直ちに失業の身となった。大会社の倒産である。このうち、何人かは佐久の惣兵衛忠穀のもとに行くとしてもわずかにすぎず、この数は多大であった。

九月一日、惣兵衛の名をもって、在方・町方からの借り方・貸し方とも棄捐《きえん》★の通告をし、殿様のお道具は町の井筒屋や藤屋の蔵に一旦運び込まれ、払い（販売）ものと江戸出し分に仕分けして、九月十六日から他所他国の商人たちに入札払いとなった。このとき「紛失あまたのよし」と伝えられている。入札には、近辺はもとより江戸を始め名古屋、甲府、越後、高田の商人たちがやってきた。

家中屋敷へは、番人を置いて木戸を固め、町人らが預かる荷物には札を付けて出入りさせた。家中の者の道具や荒物類は一軒ごとに座敷に出されて入札払いとなった。とはいっても町中の様子は、「惣町の裏屋・借家などまで何によらず諸道具充満せり」といった状態で、

割賦金の割合

年寄より中小姓まで	15 両宛	5580 両	372 人
中小姓並より御徒士まで	9 両宛	1782 両	181 人
出居番の者	6 両 3 分宛	116 両	32 人
料理人より小役人まで	5 両 2 分宛	1100 両	200 人
足軽より路地の者まで	4 両 2 分宛	2413 両	534 人
小人	1 両宛	600 両	600 人
その他　春了寺	100 両		
同寺住持	20 両		
乾瑞寺	20 両		
賢忠寺	10 両		
口々番人	2 分		
惣金	11472		人数 1913 人（戸） （人数に誤差あり）

（この数字は水野家史料『雑典雑記』とは若干異なる）

値段の高下など差別なく日夜諸道具の売買で市をなしていたという（『松本大変記』「水野始末記」）。

徒士や足軽・小役人らは、在々町々の縁《えん》を求め、荷物を送り、妻子を預けて、他所・他国に越す者あり、残る者は領分所々郷村に浪人となって居住した。退く際の屋敷は、「荒らさずして退く者は大身にもまれなり、いわんや奉公人などは戸障子を仕返しなどして居荒らして退く者のみなり」（「水野始末記」）という荒廃の状態であった。

また、藩の諸帳簿類は「御大変につき旧記帳面など城下の川へ流し候ところ、莫大の嵩《かさ》ゆえ流れを押し留め、平地へ水あげ候ことこれあり」（『松本御代記』）とあるように、その多くはあふれるほどの川流しの処分になった。

そして、九月二十六日までに城内を引き払い、二十七日には惣家中の者登城して、お金の割賦がなされた。

この割賦金は、水野家の諸道具の販売金と軍用金の合計額から、惣兵衛入用金を差し引いた残金を割り当てたものであった。中小姓以下ほぼ九両、七両、五両、四両というように、ほんのわずかの涙金で解散となった（水野家後始末の記録は『松本市史』旧市町村編四巻1「水野始末記」など）。

▼棄捐
貸借関係を破棄させること。

改易離散後の悲惨な生活

こうしたあわただしい城下引き払いに対して、のちにまとめられた『松本御代記』は、このことを痛く後悔して次のように書いている。

「松本御大変御開城仰せつけられ候とき、即時に立ち退くべきことと心得、諸道具を運び出し売り払うなど、値を論ぜず捨て売り致し、その外樹木取り払いなども即座に片付け候ところ、開城までは暫くあいだもこれある故、後悔のこと多き由なり」

と、あまりにあせった諸道具の捨て売りを強く述懐している。

そして、離散後の悲惨な姿についても、次のように書いている。

「御大変につき、とりわけ困難に及び、離散後飢餓に及び候面々は、五百石、六百石くらいも知行せし面々に由。浪人のみぎりは、義理立てなどにて二君に仕えずなどと申し唱えおり、衣服・陶器など売り食いに致し、その後売り物も尽くし果て候ときは、一体歴々ゆえ手業はわきまえず、次第に飢餓に及び候由なり。ただ格別困窮に及ばぬものは職人類の軽きものなり。浪人後速やかに新領主へお抱えになり候ものもこれあり、また町方に居り候者は、手業にて暮らし方行き詰まることとこれなきもの多し」

多く飢餓に至った者は、五、六百石の大知行の者が多く、手に業を持つ職人層の者はそれを生かし、町方村方に残った浪人といっても『松本御代記』は二〇名をあげるにとどまっている。惣兵衛七千石で召し抱えられた者は、三河刈谷以前からの者に限られていた。

これより前、九月十七日には、城請取りの幕府代官二人が到着している。安曇郡の請取は大草太郎右衛門、筑摩郡の請取りは松平九郎右衛門、九月二十二日より検見回村が行われている。

十月三日には真田伊豆守が城番のために到着している。十月五日、城引き渡しの式が行われた。十月十八日には、戸田家の松本領への転封が決まった。

十月二十一日からは、家中屋敷の見張番が始まった。人足には村々の者が割り当てられ、その人数は十月二十一日から十一月までの記録で昼夜四八八四人にのぼった。一日平均二三三人ほどとなる。

水野家の廟所
（総高三メートルを超える大五輪塔。水野氏ゆかりの玄向寺にある）

これも松本

松本はどんなところだったか

お酒も安くて住みよい良いところ（水野家時代の話）

元禄時代、松本はどのようなところと見られていたのであろうか。水野の「松本御代記」には、松本の土地柄について、実におもしろく書いている。

「松本の城地は平地なれども、西方は山々が連なり、城下近辺には川々はあるといえども特別大河という川はなく、川魚類は鮭・鱒あるといえどもこれまた無数なり。鮒、カメウオ、赤腹魚（赤魚）なども沢山なり。その外の魚は越後あるいは駿河・伊豆の魚を用いる。蕎麦・諸大豆・米・麦・柿・林檎・李などは土地に応じてよくできる。

しかしながら椿・梨・竹類は城下近辺にはない。独活・蕨など沢山あるといえども、寒国ゆえいたって時節遅れなり。

そのほか、寒気甚だしきことは他国に比べることはできない。雪は六、七尺（約二メートル）も積もり、屋根より地まで棒のようになるつららが下がる。冬より春までは、往来の道筋には三尺も五尺（一メートル～一メートル五〇）もの雪を踏み固め、その上をあるくなり。寒気甚だしきことは、使用中の手ぬぐいが即時に棒のようになり、朝には垣根などは花柄のような雪花をつける。火鉢にあたっているものでも髭のあるものは白髭をつけているようであり、硯など使うには、しばらくこたつや炉で暖めておいてその中に湯を入れて使えばしばらくは用いることができるが、それもしばらくすればまた凍ってしまう。錠前もあけると持つ形に指先の皮がむけることもしばしばであった。さりながら、山国ゆえ大風など吹く年はまれで、強風などは全くというほどないところである。その上酒屋は多く、酒値段も安く住み良いところである」

それはそれは山中の厳しい寒国ではあるが、台風のような強風はなく、ものは土地柄に応じて豊富であり、酒屋も多く安くて住みよいところだと結んでいる。

後の小笠原氏も戸田氏も、ともにこの松本への再来を喜んでいる。

源智の井戸水は酒造の元

第三章　戸田（松平）家時代のはじまり

願い叶って再入封した戸田氏は朱子学を藩是とした。

①戸田光慈名君の治世

水野氏の後には、享保十年（一七二五）十月志摩国鳥羽の城主戸田光慈が六万石で松本藩転封と決まった。しかし、戸田氏の入城は、翌享保十一年の三月であった。戸田氏は六万石で入部したが、水野家は七万石であった。この差の一万石は幕府領となった。この幕府領はその他信濃国内の幕府領五万石と合わせて、寛保三年（一七四三）十一月松本藩預かりとなった。

戸田氏の松本藩再入封

戸田氏が、松本再入封となったいきさつは、戸田家の事蹟を記した『世々のあと』によれば、光慈《みつちか》十四歳のとき、享保十年（一七二五）八、九月の頃、老中の松平乗邑《のりさと》に明き城となった松本領への転封を懇請したゆえだという。「前々より家来多く、それに対して鳥羽は領分が狭く、収納も少ないために勝手向きはなはだ難渋し、家来どもの撫育も行き届かず、この状態では公務もはなはだ心許ない」と頼みこんだというのである。享保十三年の財政改革の「口上の覚」には「御当地は、御収納高も鳥羽とは格別ゆえ、幸の時節」と書いている。松本という領地は、それほどに豊かで魅力ある土地であった。

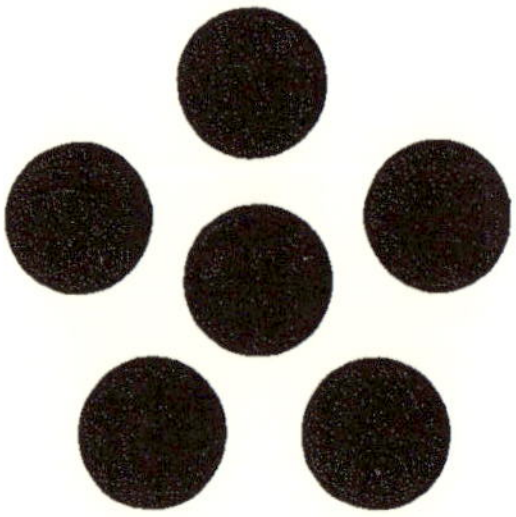

戸田家家紋「はなれ六ツ星」

松本藩本丸御殿の焼失

戸田氏の入城は、年貢収納期と重なったため翌享保十一年(一七二六)の三月であった。ところが、享保十二年の閏正月朔日、あろうことか本丸御殿が大火災に見舞われてしまった。

火災は正午から始まり午後四時頃ようやく鎮火した。総坪数九〇五坪の御殿の全焼であった。火勢は、天守に及ぶ勢いであった。藩の軍務隊長組頭の戸田十五郎が、組下の諸士を率いて防火にあたったが、煙が立ちこめ天守も危機状態に陥ってしまった。その時、諸士らが天守から逃げだそうとしたので、十五郎はその身の鑓をかざして立ちふさがり、「今我が手にかかって死に臆病の名を取るよりは、この炎を防いで天守と生死を共にするか、義を見てなさざるは勇なきなり」と叫んだところ、諸士の輩みなこの下知に復し、ふたたび櫓の上に上り、粉骨砕身して防御し、ついに天守の類焼を防いだという(旧『松本市史』)。

御殿焼失後は、殿様や御家内様は、御天守控の月見櫓を御座所と定め、主だった御家中やその妻子らは石垣上の多門櫓を使ったり、本丸に小屋建てしてそこに居を構えたり、炊き出しを行った。本丸や多門櫓が使えない時は、天守や矢倉も使った。天守の下は布団八一枚分、畳でいえば一六二畳敷き分にあたったという

（『巻懐武備』）。

この本丸御殿の焼失によって、松本藩の防火策や消火策は一層強化された。

戸田家代々の名君

戸田家編纂の『世々のあと』の付録編には、戸田家名君の紹介をしている。ここでは、世間の俗話にいうような「名君と申すは出来合いにはこれなく、必ず注文の者なりと申す習わし候▼」といい、注進してそれを支えた人の存在を添えてい

意訳
名君とは決して生まれながらのものではなく、そこにはいい助言者が必要なのだ。

後《のち》戸田氏の略系図

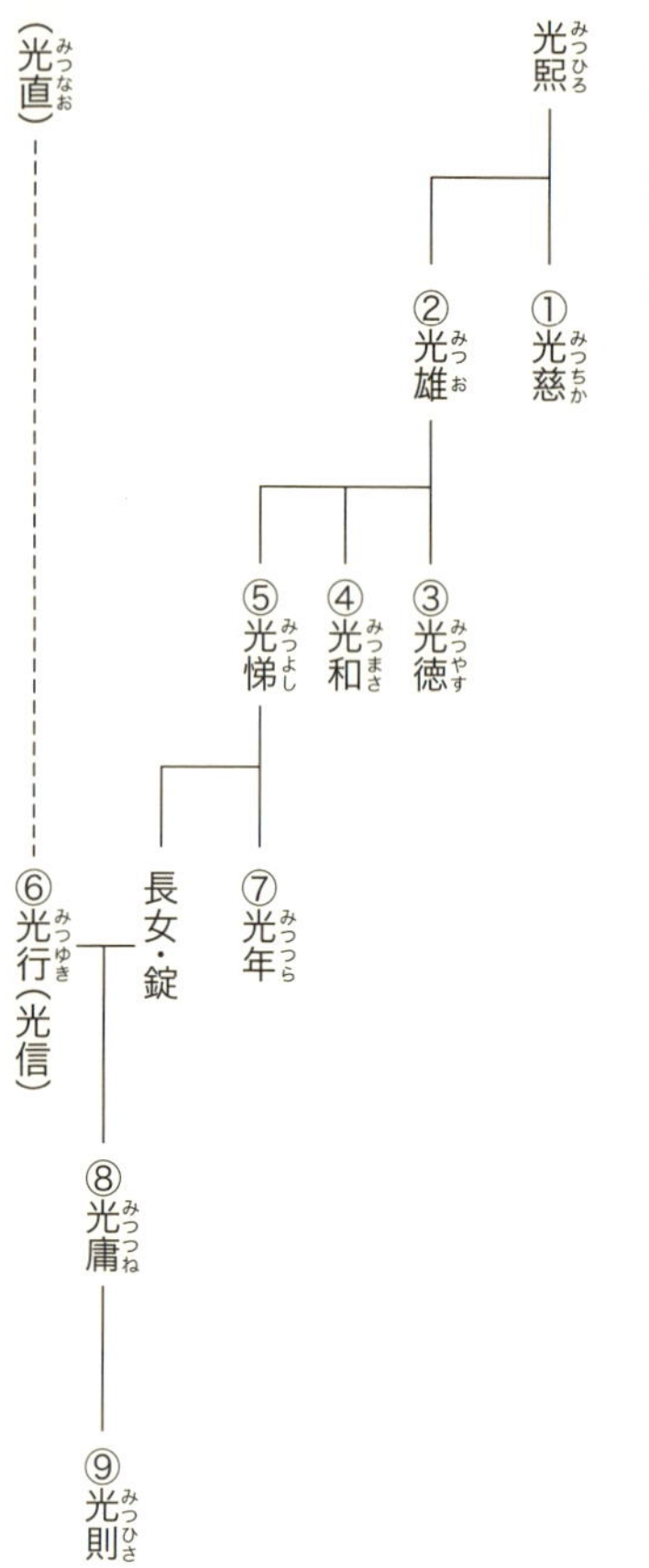

る。
・光重《みつしげ》公は、中柴現兵衛末次の注進
・光永《みつなが》公の御徳は、西郷八郎左衛門の御補佐
・光慈《みつちか》公の御人なりは、野々山内匠《たくみ》義貴殿、その外御執政衆の注人や御傅役《もりやく》の近藤氏・安保氏、御師範の多湖氏の力
・光雄《みつお》公は、光慈公以来の御家老・御年寄の手揃い
・光悌《みつよし》公には、野々山内匠和義や西村翁などの力
などと、君・臣伴っての仁政であると書いている。

この中でも、『世々のあと』に記されている事蹟の事項数は、光慈のものが群を抜いて多く一四八か条中四三カ条に及ぶ。第二位が光重の三五カ条、第三位が光永の二三カ条、四位光雄一五カ条、五位光悌一四カ条などとなっている。

光慈の場合は、正徳二年(一七一二)九月淀城で生まれ、享保二年(一七一七)六歳(数え年)で家督をうけて鳥羽に移封、享保十年(一七二五)松本に所替え、この時一四歳、享保十七年(一七三二)八月、二一歳(満二〇歳)で江戸において死去。光慈は、五歳で家督をうけ二〇歳で死亡したわけであるから、いくら名君と言われても卓越した家老の野々山内匠義貴《ののやまたくみよしたか》や改革担当の御勝手惣司役戸田十五郎、朱子学師範の多湖栢山《たこはくさん》らの力なくしては及ばない。

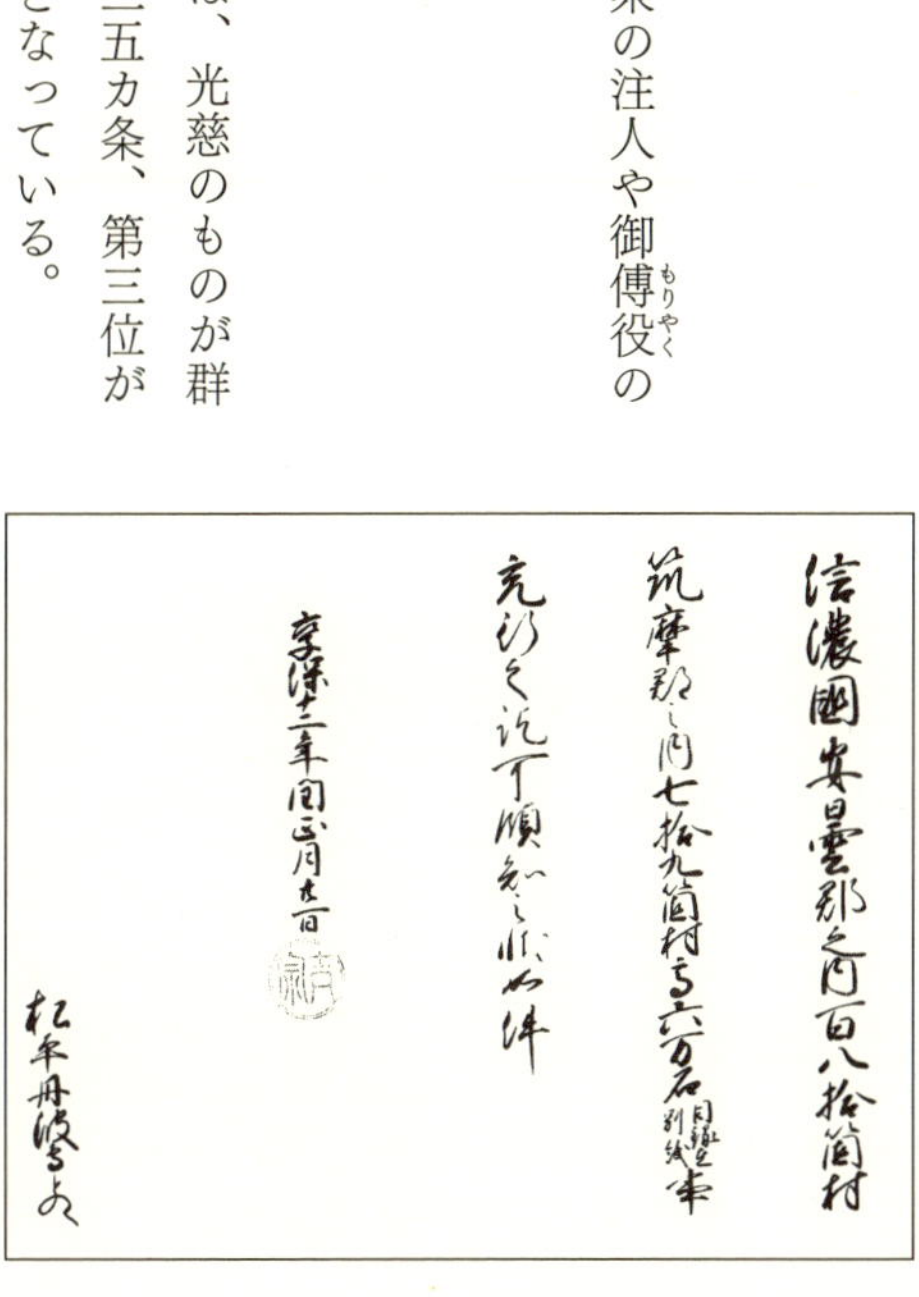
信濃國安曇郡之内百八拾箇村
筑摩郡之内七拾九箇村高六万石目録在別紙事
充行之訖可領知之状如件
享保十二年四月十一日
松平丹波守とのへ

徳川吉宗が光慈に与えた領地朱印状

若くして名君となった光慈のわけ

光慈《みつちか》の時代は、御家中の風俗は「格別に宜しく」と後世からいわれる。その理由を尋ねると、殿様自らが藩務に専念し、「御人選は、その人柄・身柄などを熟と御選びなされ」たなどと、人材登用の人選の適正さや勤功選びの公正さなどをあげている。そしてなにより第一に、「御詮議も深く」と執政官の慎重な審議をあげている。

この人選における最も大きなものは、戸田十五郎の抜擢であろう。享保十三年（一七二八）のはじめ、家老の野々山内匠から戸田十五郎に御勝手惣司役就任の打診があった。十五郎はこれを、「金銀通用の術は別して不案内」だとして辞退した。しかし家老は承知しなかった。それなら江戸に行って辞退申し上げろといわれ、出府して申し出たところ、殿様から「その方へ格別の存じ寄りをもって申し付け候上は、何れにても相努めるべし」と言われ、御意につき断る術はなかった（『世々のあと』）。

戸田十五郎の抜擢は、前年閏正月朔日の本丸御殿火災の際の、組頭十五郎の卓抜した指揮によって天守閣を防御した功績が認められたからである。

享保十一年戸田光慈奉納の絵馬
（筑摩神社蔵）

後戸田氏時代の組分け（享保11年（1726））

郡	組　名	村　　名
筑摩郡（五組）	山家組（17）	下金井・新井・湯原・上金井・薄町・兎川寺・新町・藤井・桐原・北入・中入・南方・橋倉・林・南小松・北小松・大嵩崎新田
	岡田組（13）	岡田町・下岡田・松岡・伊深・稲倉・洞・三才山・原・浅間・水汲・大村・横田・惣社
	庄内組（15）	庄内・渚・松本分・両嶋・白板・宮淵・蟻ヶ崎・桐原分・征矢野・埋橋・筑摩・中林・三才・小嶋・鎌田
	高出組（14）	出川町・並柳・平田・村井町・吉田・野村・高出・郷原（町脱力）・竪石町・原新田・小屋・野溝・笹部・高宮新田
	島立組（20）	荒井・堀米・小柴・中村・島立町・大庭・北栗林・南栗林・南新・東新・北新・下新・上新・永田・三宮・三溝・上波田・下波田・下神林村の大部分・梶海渡村
安曇郡（七組）	上野組（21）	氷室・上角影・下角影・横沢・北大妻・南大妻・杏・立田・丸田・小室・北条・大久保・田屋・中村・寺家・花見・焼山・大野田・稲核・嶋々・大野川
	長尾組（17）	長尾・中萱・小倉・田多井・楡・二木・野沢・上堀金・下堀金・小田多井・住吉・中堀新田・七日市場・一日市場・田尻・岩原・及木
	成相組（22）	中曾根・熊倉・飯田・真々部・上鳥羽・下鳥羽・成相本村・成相新田・岩岡・小宮・高松・南中・北中・青島・下村・町村・北方・上平瀬・下平瀬・小海渡・成相町・犬飼新田
	保高組（16）	保高・保高町・柏原・牧・橋爪・貝梅・吉野・寺所・踏入・矢原・細萱・白金・等々力町・重柳・等々力・狐嶋
	松川組（16）	耳塚・嵩下・新屋・立足・古厩・鼠穴・板取・松川・西山・上一本・下一本木・細野・須沼・清水・神戸新田・富田新田
	池田組（33）	押野・塩河原・荻野（原）・大日向・宇留賀・草尾・小泉・日置・北山・池田町・正科・中嶋・半在家・宮本入作分・山ノ寺・堀之内・相導（道）寺・花見・滝沢・渋田見・鵜山・中ノ郷・林中・青木花見・十日市場・中村・寺村・荻原新田・峯方新田・小泉入作新田・青木花見新田・内鎌新田・島新田
	大町組（54）	宮本・曾根原・閏田・丹生子・木船・館之内・常光寺・松崎・大町・野口・借馬・木崎・森・稲尾・海ノ内（口）・中綱・青木・佐野・沢渡・飯田・飯森・蕨平・塩崎（島）・堀ノ内・千国・石坂・来馬・大綱・深原・中谷・土谷・青具・千見・高地・二重・大塩・左右・舟場・大平・高根新田・加蔵新田・細野新田・塩崎（島）新田・深原空峠新田・野平新田・大出新田・嶺方新田・槍平新田・切明新田・大塚新田・切窪新田・相川新田・新行新田・野平新田

（『東筑摩郡松本市塩原市誌』第2巻歴史下）

松本藩領後戸田氏時代の組分け地図（享保 11 年～）

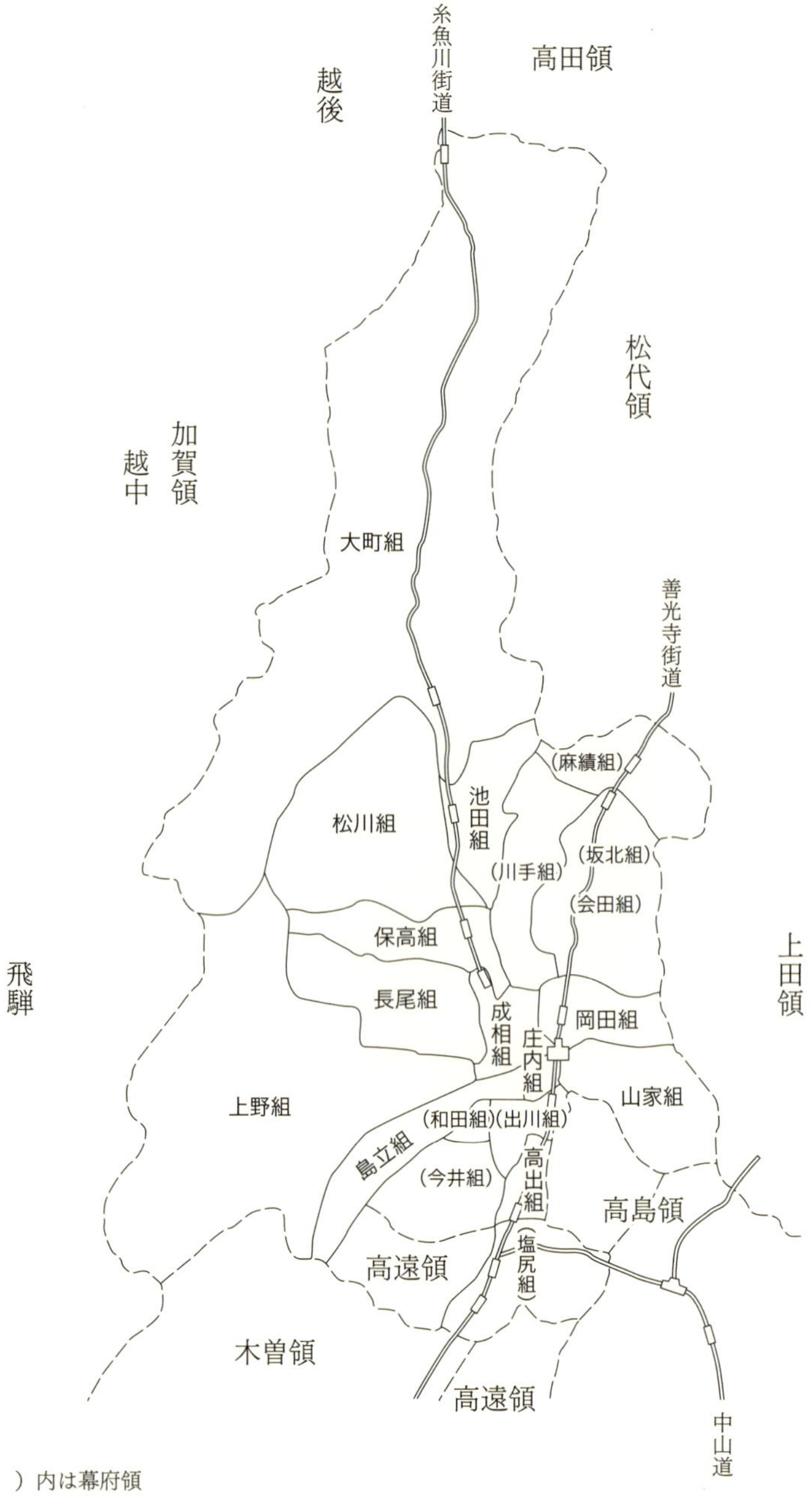

（　）内は幕府領

戸田十五郎の享保の財政改革

藩の財政は、すでに転封に当たって入部先の松本町人に二〇〇〇〇両（入部後さらに五〇〇〇両）の借財を負っていたが、享保十二年(一七二七)には甲州筋や新領・旧領からの借財合せて一万両に達していた。それに加えて本丸御殿の焼失や十二月には江戸中屋敷も類焼するなど、財政の緊迫は加速していた。

十五郎は、「誠にもって致し方もこれなき御勝手（藩の財政）……今年（十三年）の暮れは御困難の儀言語に絶し候」と困難を覚悟し、前年の収納の諸帳簿を一覧して、「御艱難《かんなん》の御暮れながらまず御渡世（生計）の大格は相立ち見え候」と、松本藩生計成り立ちの大局を見て取ったのである。それは、当地は「御収納高も鳥羽とは格別ゆえ」の成り立ちで、高収益が見込まれたからであった。

十五郎が用意した回答は、次のようなものであった。

「大権現様御遺訓も、人民を苦しむるは天道の罪人」とあり、「地盤を堅固に御建立」という村方地盤固めの配慮に立って提案された。

1、家老から言われていた収納高のうち一一万俵は渡世用（藩の必要生計費）として別枠で運用計画を立てる。

2、その年の豊凶によって過不足はあるが、収納高は享保十二年の一七万俵を物指しとして計画を立てる。

3、一七万俵から渡世用一一万俵を除いた六万俵を販売した代金（七一〇〇両ほど）をもって江戸往来費や臨時要用金とし、この残金を借金方へ振り向ける。

4、「去年まで畳《かさ》み候八千両」の借金返済方は、

・親疎《しんそ》★は、借入高の多少、新借り古借りなど遅速を精密に考慮する。

・誰々には、某年から某年までと年賦期間を定める。

・とくに「御約束あい違い信義を失い候金主多くこれあるべく候えば御誠実に立て候」と、誠実な対応が必要であること。

5、今年よりは来年、来年よりは次の年と、借用金を減らし、この「次第をもって御勝手御取り直し」を図る。

6、御入部金★と医師下げ金★は、販売代のうちで返却する。

7、御人使いも身分の格にとらわれないようにする。

・侍諸士は、御徒士の奉公筋まで下って勤める。

・御徒士は、持筒足軽の場まで下って勤める。

・持筒足軽は、御中間の場まで下って勤める。

・御中間の召し抱えは、一人なりとも減らす。

・諸役所の定人（定員）はできるだけかけ持ちとし、人を減らす。

▼親疎
親しい人と疎遠な人。

▼御入部金
松本藩に入部する時に用した金。

▼医師下げ金
医者への渡し金。

以上「御勝手御恢復を第一」に願い立案したとして、享保十三年七月、この御勝手方再建計画を家老に提出した（享保十三年「口上覚」塩尻市青木家文書）。

戸田光慈直書で訴える

そして、享保十三年（一七二八）九月二十三日には、御家中諸士らを江戸屋敷のお座敷に集めて、光慈直の御意の仰《おお》せ渡《わた》しとなった。お家存亡をかけたこの覚悟の書は、直書《じきしょ》となって、松本へは、十月朔日諸士の者へ、十月二十九日小頭へ、十一月十一日足軽の者へとそれぞれ伝達された。

直書は、

「志州（志摩）治城の節は、領地宜しからず、数年の困窮なお更困窮に至り、代々定め置き候俸禄なども過半減少いたし、皆々艱難《かんなん》至極に及び候……しかれども我らよわい（年齢）すでに十七歳に至り、信州へ所替え仰せつけられ候えば、この時を宗として精力を尽くし家の敗亡を防ぎ、先祖の旧《ふる》きに返し数年の艱難を慰め、上下一致に精力を出し、家の敗亡を防ぎ流浪の憂いをまぬがれ候様に覚悟いたすべく候」

と、藩存亡の危機に立って、旧地信州松本への所替えを機に、上下一致して精力を出し尽くして、この危機を乗り切りたいと訴えであった。

お国自慢

ここにもいた松本人

近世・近代日本を彩る松本出身者たち

二宮尊徳に学んだ開拓者

岡《おか》 無理弥《むりや》（一八一九〜一八八八）

通称岡俊景。文政二年松本に生まれる。幼にして学を好み、明敏な性格であった。弘化元年藩に出仕し、翌年家督を継いで百五十石を給わる。弘化四年中村藩の家老草野半右衛門について報徳仕法の大要を修め、更に半右衛門の紹介で直接二宮尊徳についてその教えを学ぶ。帰藩して直ちに松本藩預役所の奉行兼軍師役に任ぜられる。当時藩庁は、身分格式や形式に流れる風潮が強いなか、それに抗して新法で対峙し、村々を巡回して村人たちを説いて副業を教え、荒地の開墾をすすめるなど苦心の経営に務めた。この功が実って幕府から賞された。この名声を伝え聞いた各地の小藩は、彼に依頼して報徳仕法を学んだ。学ぶ者二百余人に達したという。しかし自藩においては活かされること少なく、転じて佐久間象山に洋式の戦術を学び、軍師役として出仕。長州征伐の時は軍事奉行を命ぜられた。人これを栄誉としたが、民政家として名が残る。

この日、直書に続いて、御条目の通告に先立って、殿様自ら身上倹約の姿勢を示した。とはいっても、殿様の生活とは、実に贅沢なものである。

・小袖類、殿中ともに絹羽二重のほかは着用しないなどということのないように八項目をあげて自粛する。

・年中衣服の員数を減らすこと。今まで登城の時はいつも新しいものを着用してきたが、今からは今まで用いたものを五度、三度と着用を心得る。

・平日はなおのこと用い、小袖番に申し含め、洗い物も着用の覚悟である。

家中の倹約令とリストラの開始

そして家中に向かって、「御勝手困窮の時節ゆえ、面々身持ちを改め、平日の風俗、ともすれば結構にながれ無用の費えとなる。自今質素なるように、上の思し召しとして」御条目が発せられた。

○武具・馬具の類、○婚礼支度のこと、○平日衣服のこと、○女中衣服のこと、○振る舞いのことなどと十カ条を示し、この十カ条とて「大概」のことにすぎないとして、さらに「別紙覚」として一六項目を付け加えている。そのほかにも「覚」「別紙」「組頭口上」「定」「仕出之覚」「口上之覚」などとして、各段階・各様に具体化・細目化している。

十月十八日には、こうした倹約令のほかに、切り詰めによる定人減らし、つまり人減らしを指示している。

この「申渡覚《もうしわたしおぼえ》」には、

○御小姓衆不足の節は、御小姓の務めを外の面々へ仰せつけること。旧例になくてもこの節であるから御頼みなさるべし。「諸士に不相応のことたりとも、不快に存ぜず相務め候様」にとの思し召しあり。このことは徒士・足軽に至るまで同じである。

○この節の諸役人の志は、御勝手お取り直しを第一に考え、骨折りを覚悟し、長役のものは、仕事の兼帯・兼務に努め、別して各役所では人減らしを心得ること。

その際人選を入念に行うことも指示している。

○鉄砲殺生は、御役人勤労の慰みのため認可されてきたが、この度は「諸殺生は勿論風俗の障り、費え難しきことは少しの遊興も、この節別して相慎しむ事」と、少しの遊興も慎《つつし》むこととある（御家中宛「口上覚」塩尻市青木家文書）。

この人減らし策は、者頭組（足軽組）の日記、『魁将録』の上に具体的に見られるようになる。享保十三年十二月の記事には、「御倹約の儀、一人にても御人御減らし成され候こと」として、

・南御門はじめ東門・北門共に御番（番人）の廃止。夜の御門固めのみ一人。

・南御門番所には、割元役所がここに移り、人数も三人を一人にする。そして今までの御番所道具や火の用心の番人代わりも命ぜられた。
・者頭隊による月番も片月番（半数交代）とする。
・千国・橋場番所も二人引き上げとする。

この例でわかるように、この「骨折り覚悟」の労働強化による定人減らしは、かなり強力に進められていたことがわかる。

弱者救済を説いた新領内法度

一方、百姓・町人に対しては、新しい領内法度の公布がある。
戸田氏は享保十一年(一七二六)に入部するや、直ちに水野家領内法度を引き写したような領内法度「条々」二八カ条を触れ渡しているが、財政改革一段落後これを改め、享保十四年(一七二九)八月「条々」三三カ条を新たに発布した。これは戸田治世の基本法となった。

前「条々」も、その前書きには「常に孝行の道を守り」と、儒教徳目の一行から始まっているが、今回のものは、儒教道徳の人倫の道をこんこんと説諭する長い前文から始まっている。

父たるものは「常に義理を本として慈愛に溺れず、子弟を始めとして召使いの男女に至るまで無道の言行これ無きように教え誘《いざな》うべき事」。母たるものは「父の心を宗として専らに子弟を愛養することを心とすべき事」。以下、兄たるものは、弟たるものは、子たるものは、夫婦たるものは、朋友たるものはなどと立論して、かくあるべき家族生活の姿を説いている。

しかし、これをもって、単に理想主義的な政治を目指したものとして棚上げすることはできない。この「享保十四年条目」は、五人組の法や鰥寡《かんか》（やもお・やもめ）・孤独・廃疾《はいしつ》の者、女子ども下賤の者、富める者などの項目を新たに設けて、弱い者を救済する義務や富める者のあり方を説いている。

・五人組の法では、一般的な定法を説いた後、災難や病気で困窮に陥った者には五人組で力を添えること、それでも力及ばない時は村の者が力を貸すこと。凶年飢饉で困窮の家は組の百姓力を合わせ救い助けること、それでも続き難いときは扶助申し付けるなどとある。

・鰥寡《かんか》・孤独・廃疾《はいしつ》の自立なり難い者の場合は、まず親類の者が、親類のない場合は村の者が力を合わせ介抱いたすこと。乞食・貧者・家無き者は出生の村里を糾問し、領分境まで村送りし、それまでは食物など与え決して無慈悲な扱いをしないこと。領内の者はその村里に送り返し、親類に付属させ、親類無き者は村で養い相応の渡世につかせること。

・女・子ども・たとえ下賤の者であっても、道理にかなうことならば、みだり

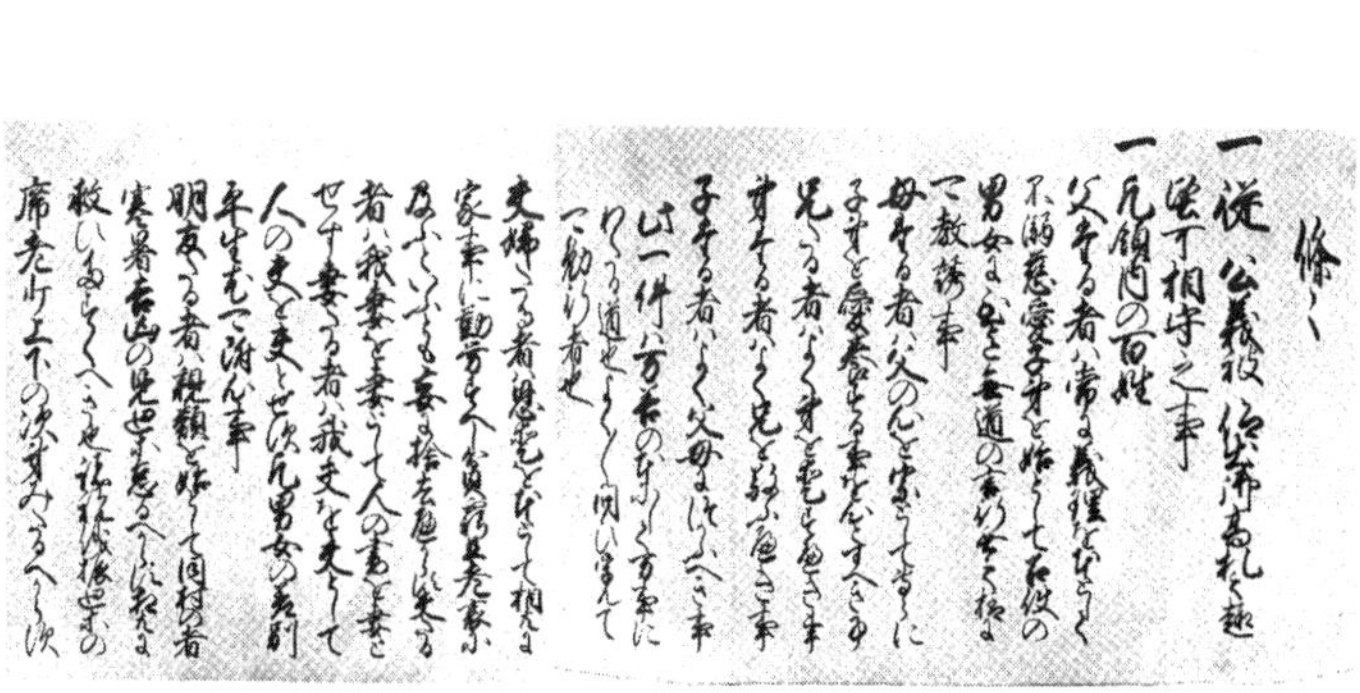

享保十四年「条々」
（中田裕基氏所蔵）

にないがしろにしてはならない。

・富める者は、貧なる者を軽んじ、併せ呑む（取り潰し囲い込む）心を持ってはならず、憐れみを施し農業を失わぬように介抱いたすこと。

　これらは、単に理念ではなく、法としての役割も担っていたのである。

直訴容認の法度

　こうした態度は、公事訴訟においても見られる。小百姓の直訴を禁ずることは、何れの法も同じであるが、ここでは止むを得ない事情をもって認めている。「願い事がある時は、その村の庄屋・組頭に願書《ねがいしょ》を渡し、大庄屋は奥印《おくいん》★して指し出すこと。もし庄屋・組頭どもに対して申し分ある時は隣村の庄屋・組頭をもって訴え出よ」、ほぼここまでは同じである。ここからが付け加わった部分である。「それ共に達しがたく止むを得ざる時は、小百姓というとも奉行所へ直訴のこと格別の例をもってこれを免ずる。万一なお奉行所に対しても訴え申し難き場合は、大手門番所に参り訴訟人の旨申し達すべし。目付の者をもってこれを聞かせしむべし」とある。条件付きではあるが、直訴容認であることは間違いない。

　しかし、ここでの法令の気遣いは、小百姓の願い出が村役人に阻止された場合の直訴（越訴）容認であるから、村役人への牽制の法令でもあった。

▼押印
文書承認文のあとに印をすること。

事実、庄内組では、享保十八年(一七三三)にかけて、願い出に伴って人物・村治能力欠如による交代が行われている(『松本市史』)。また『魁将録』の元文元年(一七三六)十二月九日の条には、村方から大手御門に直訴が提出されたことが書かれている。訴状の吟味によって、直訴の者は一旦は帰されているが、なお上達して申し上げたいことがある時は、御目付に引き渡し御目付で委細詮議すると伝えている。

享保十六年八月、光慈の領内巡見に当たっては、途中休息の場所には百姓らは道に満ちて殿様を歓呼して出迎えたといわれている。また、この年は雨天続きの凶作年で、餓死者が出るほどの状況になったとき、藩庁は租税を免じ、米銭を出して窮民を救ったとある(『世々のあと』)。

こうしてみると、直訴を認め、弱者救済を掲げるこの享保十四年条目は、やはり生きた条目であった。

重視された火消組織

享保十二年(一七二七)の本丸火災以後、松本藩は火消対策に苦慮してきた。同年の清水村と蟻ケ崎村の火事では、月番の者をのぞいて家中の者大勢が一度にかけつけたため思うようにならなかったとか、火消道具が足りなかったとか、火事

松本町の三大火災

安永五年の大火

安永五年十二月十七日夜十一時、中町綿屋隠居家より出火、折悪く大風のため火は四方に広がった。中町は残らず、本町・伊勢町・小池町・飯田町も残らず焼失。火は北へ延びて東町大半と安原一丁を焼き、西方面は大手橋は落ち、六九厩・町役所・郡役所・今町木戸まで焼ける。さらに城内に移り大名町・土井尻・柳町・地蔵清水と焼き、ここから三の丸全体に飛び火して御蔵二棟を焼き、弥勒院や北馬場数軒を失った。その他高塀や矢倉などと城内四方を焼き尽くした。大手門と東門は辛くも防ぎ止めた。生安寺・浄林寺（山門は残る）・全久院（山門は残る）・乾瑞寺・光明院などの寺院も焼失。焼失概数、屋敷一二一七軒、城内の屋敷数五七軒、二九五の土蔵を焼失。火は天を焦がし、酒屋はとかげ色の焔を出し、穀屋の煙は鼻をついた。十七日から十八日にかけてようやく鎮火した。

この火事を後来綿屋火事と呼んだ。藩から町方へは、小間一軒に柵木五本ずつ、金六〇〇両の貸し下げがあった。この時防火のために、町幅を本町は五間に、中町は四間に拡幅した。また川沿いの六九

があるたびに反省を重ねてきた。

そして、享保十五年、火消条目が制定された。

一、火事場への参集組織

•組頭は五人、家中の諸士を五組に分けた出陣隊の頭とする。

•者頭は、足軽二五人を引きつれる出陣隊の頭とする。

二、火災の合図

•城中の火事は、太鼓楼において鐘と太鼓の打ち混じり。

•丸の内火災は、半鐘を打つ。

•城内外ともに、そのところの御門や木戸で鉦を打つ。

三、消火

•火元の一町中は、早速火元に駆け付け消火にあたること。初期消火である。

•その後火消役が来たときは、その場所を明け渡し、各人は自分の持ち場につく。ただし、火元から四、五軒の者はその必要はない。

•火消しの進止は、拍子木の打ち方で決める。激しく打つときは厳しく働き、屋根の人数を分けるときは拍子木の二つ打ち、人数を降ろすときはゆるやかに打つ。行き届かないときは組頭の指図に従う。

四、火消しの町人足は、一四組に組分けし、町ごとに頭立《かしらだち》の者一人を立てる。

これは武家側の者頭（足軽隊）数とあわせて組作りをする。一四組の合印《あいじるし》

厩や侍屋敷はほかにを移し、北側に郡役所や町所を建て、南側に穀蔵を建てた（旧『松本市史』）。

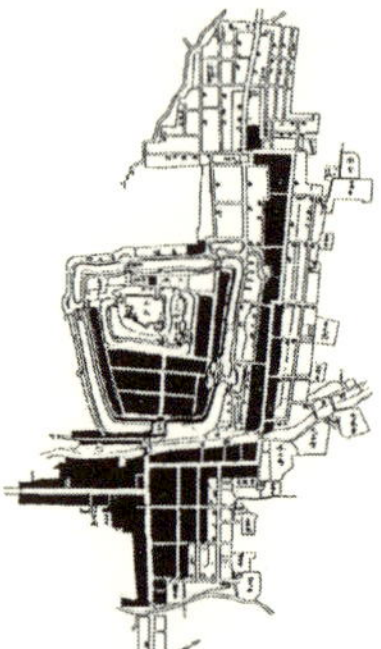

享和三年の大火

享和三年一月九日、餌差町飴屋より出火、強風にあおられ町方一三九〇軒、武家方六三八軒を焼失。通称飴屋火事。

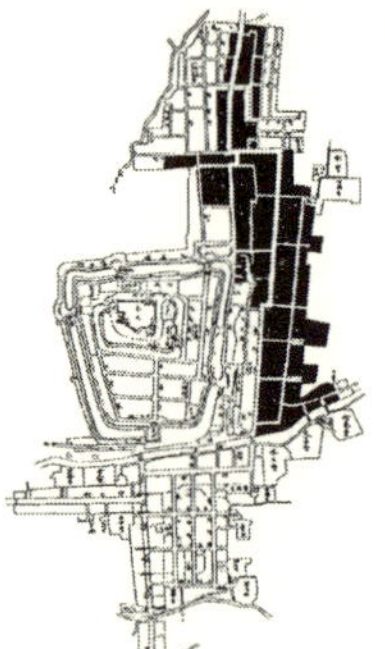

は町名を書いた幟に者頭の金鑓印《かなやりじるし》を付けたもの。夜は提灯《ちょうちん》に町名と村役人の者頭の紋を黒く付けたものとする。

五、火事の実際

- 火事の場合は者頭の下知に従う。
- 火元や近辺、風下一町の者は、町人足を出さなくてもよい。
- 火消し人足が来るまでは、早速駆け付け火消しにつとめる。
- 火がかからない火消組は、二手に分かれ町中を廻り、飛び火、盗賊、怪しい者などの取り締まりをする。
- 町大工の者には、全員家毀しの道具（鳶口など）を持参させ、あらかじめ一四組に分けておく。
- 町の大名主は、全員が火元に臨み、町人足の働き具合をよく見届け、申し出ること、後で賞を与える。

などなど。

こうして、武家側・町側共同の組織による消火組織ができあがった。

しかし、これでも火事場にあたってみるといろいろな問題がでてきた。享保十九年（一七三四）には、道具の不足や人足不足の問題が起こった。道具では大団扇《うちわ》各組五本が用意され、人足は郷（村）人足が補足されて下火《したび》★の消火作業にあたることや、火元付近の町人足は集合所に集まることなく火元に駆け付け初期消火に

慶応元年の大火
慶応元年二月一日、博労町山城屋から出火、博労町・本町・中町など一二〇〇軒消失。通称山城屋火事。

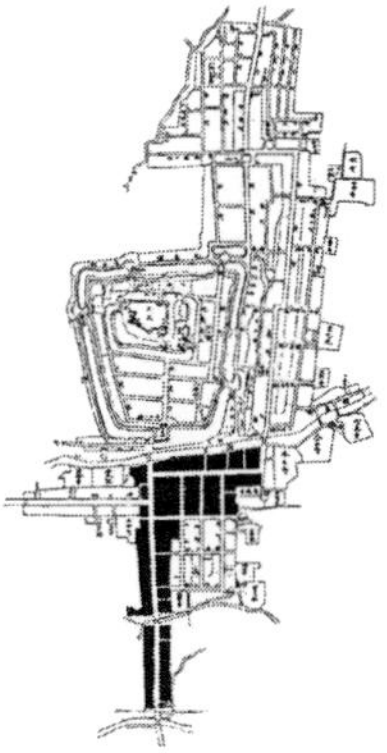

▼下火
火勢の衰えたところ。

火事場の隊形

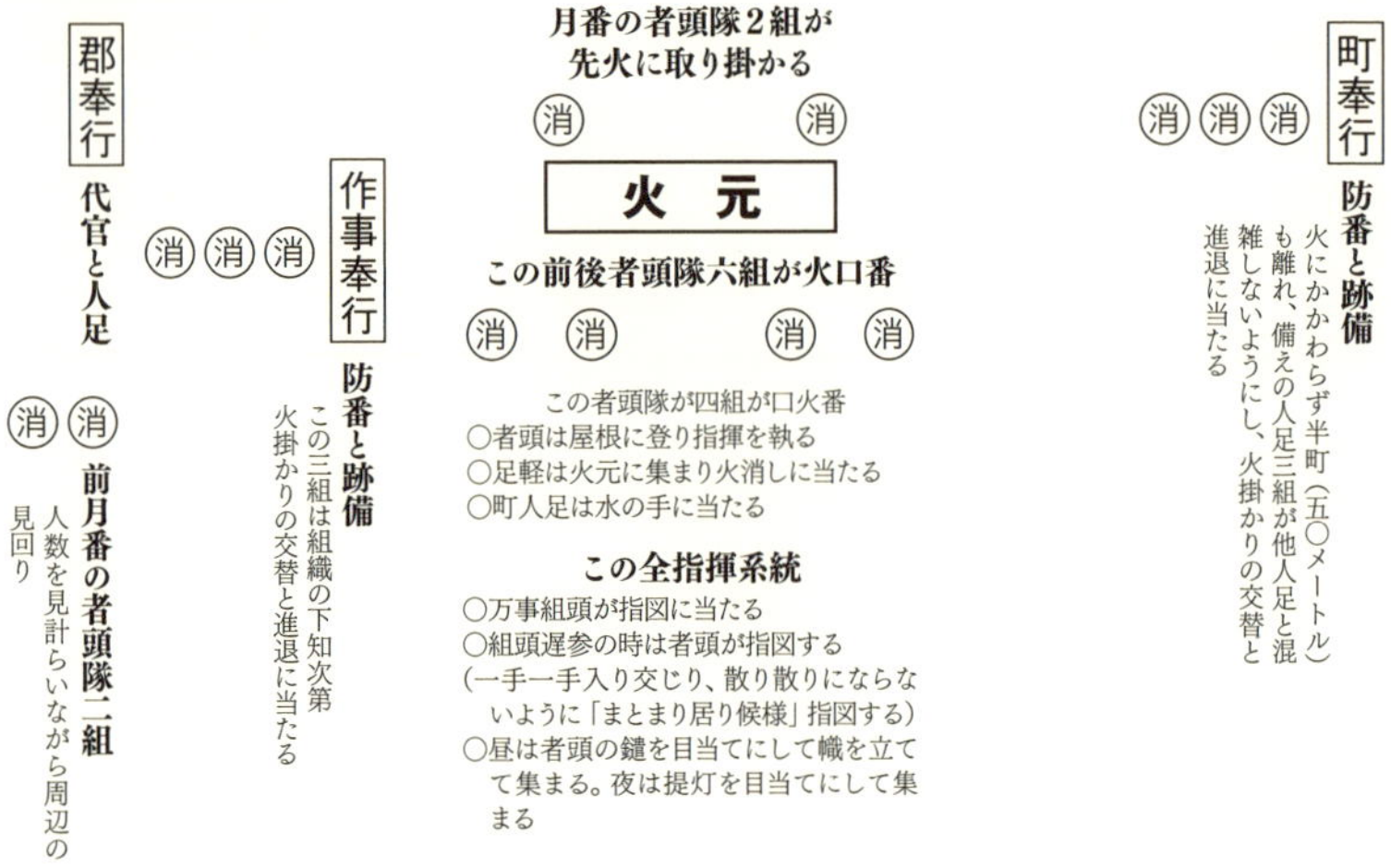
月番の者頭隊2組が
先火に取り掛かる
消　消
火元
この前後者頭隊六組が火口番
消　消　消　消
この者頭隊が四組が口火番
○者頭は屋根に登り指揮を執る
○足軽は火元に集まり火消しに当たる
○町人足は水の手に当たる
この全指揮系統
○万事組頭が指図に当たる
○組頭遅参の時は者頭が指図する
（一手一手入り交じり、散り散りにならないように「まとまり居り候様」指図する）
○昼は者頭の鑓を目当てにして幟を立てて集まる。夜は提灯を目当てにして集まる
町奉行
消　消　消
防番と跡備
火にかかわらず半町（五〇メートル）も離れ、備えの人足三組が他人足と混雑しないようにし、火掛かりの交替と進退に当たる
作事奉行
消　消　消
防番と跡備
この三組は組織の下知次第火掛かりの交替と進退に当たる
郡奉行
代官と人足
消　消
前月番の者頭隊二組
人数を見計らいながら周辺の見回り

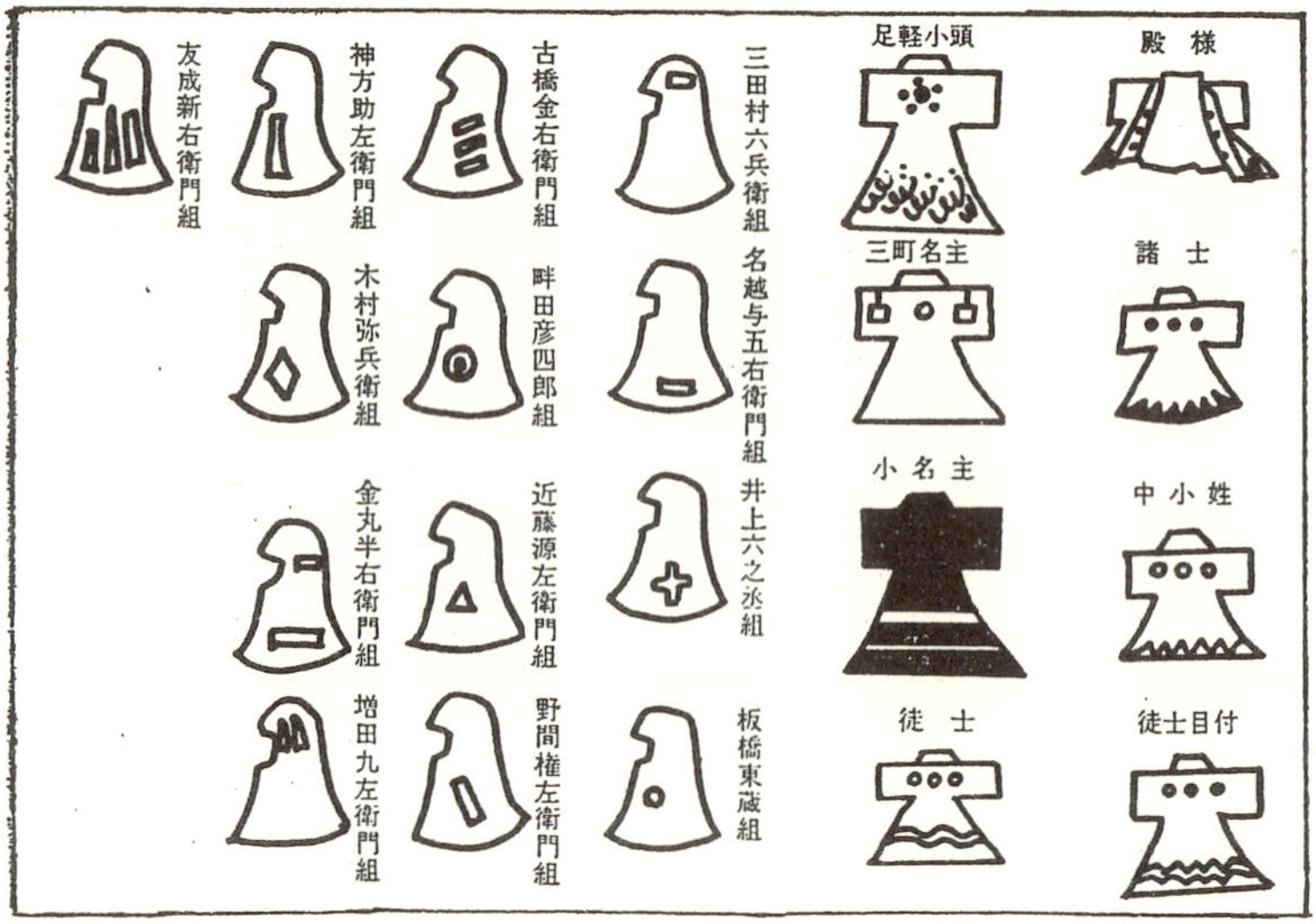
殿様
諸士
中小姓
徒士目付
足軽小頭
三町名主
小名主
徒士
三田村六兵衛組
名越与五右衛門組
井上六之丞組
板橋東蔵組
古橋金右衛門組
畔田彦四郎組
近藤源左衛門組
野間権左衛門組
神方助左衛門組
木村弥兵衛組
金丸半右衛門組
増田九左衛門組
友成新右衛門組

あたること、足軽人足には足軽の組子（準足軽）も加えられ、火事場服装の股引きが与えられ、鳶口を渡されている。

そして元文四年（一七三九）には、火事場の隊形がととのった。

それとともに、火事羽織なども派手なものが使われ始めた。合印の仲間印を付けたり、すそには模様を付け、華美な頭巾や、羅紗を用いた派手な服装なども現れて、規制の対象にもなってきた。

天明元年（一七八一）、大火をきっかけに、足軽衆から仲間印の入った頭巾を購入したいとの申請があり、金三両の補助を得て一三組（一組減少）の合印の入った頭巾ができた。またそれに合わせて、消火用の号衣（紋入りのはっぴ）も渡された（『郡市誌』『松本市史』「魁将録」など）。

江戸の火消し並みに、火事羽織や頭巾、股引きといった火事場ユニホームの一般的なかたちも定着してきた。

②

官舎武家屋敷の様子

松本藩の官舎は、上級武士層は屋敷地が広く耕作地付で、官舎もろとも旧地に比べ格段によかった。しかし足軽層の場合、松代藩など他藩の場合は城下近郷に住む者が多いが、松本藩の場合は城下に集住し長屋住まいであった。その上水野家改易後であったため荒れ放題であった。

段違いによかった松本官舎

『世々のあと』は、加納（岐阜）の頃からの武家屋敷についてもふれている。戸田氏が加納に移ったのは寛永十六年（一六三九）、それより宝永二年（一七〇五）に淀（京都伏見）に移り、十二年後の享保二年（一七一七）に鳥羽に所替えになった。加納の末頃、つまり元禄時代の頃から、武家屋敷にも座敷が造られるようになったが、それまでは全くなかったことだという。鳥羽に移っても座敷持ちは少なく、玄関というものも上級の武士でもない家があったし、五百石の年寄役友野覚右衛門は質素な人で、常日頃三尺口より登城されていた。百五十石より下の諸士身分の者では、長屋に住む人が多かった。来客の場合などは、天気を見合わせて庭でお迎えしていたという。享保十一年の諸士知行高によれば（『長野県史』近世史料編⑤―1）百五十石未満から五十石の人は一一五人、六〇パーセントにあたる。もちろんこうした質素なかたちは、戸田家の場合、「玄関棟建ての家作や門開き扉は、四百石以下の藩士は造作禁止」という寛文八年(一六六八)の規制をうけたものでもあった。

これに対して、松本の官舎は、格段の違いがあった。

享保十年、引き継ぎ用に作成された絵図によると、上級武士の住宅は、城郭内の地蔵清水・大名町・土井尻・柳町・小柳町・葵の馬場あたりで一〇〇〇坪を超す家老屋敷を筆頭に六〇〇坪から三〇〇坪の大きな屋敷地が軒を並べていた。城郭外でも同じような大きな屋敷が城の東側一帯の上土と北側の片端・田町・新町・袋町・捨堀町あたり、城北の北馬場・鷹匠町、それに大手門先の六九町にあった。

中・下級武士のうち徒士クラスの者は、片端隣の出居番町、城北の御徒士《おかち》町、城南の小池町・宮村町の一角が与えられた。徒士屋敷の一軒分は、二〇〇坪から一五〇坪の屋敷地であった。間口六軒・奥行き二〇軒、一二〇坪ほどの平均的な町人屋敷より遥かに大きなものであった。

長屋住まいの足軽屋敷

ところが、足軽級の武士になると、一軒当たりの屋敷面積は五〇坪前後の広さ

戸田家侍屋敷数

城内侍屋敷	98
城外侍屋敷	162
徒士屋敷	107
小役人屋敷	397
増減あり大概合計	920

(水野家から戸田家への引き継ぎの数字)

しかなかった。そのほとんどは城下北部安原地区のまとまった屋敷町（簱町・西町・堂町・同心町・萩町・天白丁・中ノ丁・東ノ丁・上下丁・下下丁など）に居住していた。そのほかは城西の西堀や城下東端の餌差町などと城下出入り口の一角にあった。

足軽屋敷の場合、絵図面ではそれぞれ独立した一軒屋敷のように見えるが、この頃の違う絵図面では街区一円空白となっている。長屋は空白で表されていたのである。戸田氏が移住してきた直後の記録（『魁将録』）では、次のように「惣御足軽ども長屋」などとあって、そこが長屋住まいであったことがわかる。

「午（享保十一年）五月二日　　月番近藤元右衛門　宇野茂兵衛
割元　幸右衛門　弥次右衛門

一、四つ時登城仕り候ところ、御月番仰せ渡され候は、惣御足軽ども長屋並びに鑓《やり》組の者長屋、帳面をもって相渡し申すはずに候、破損の所これあり、長屋とも作事奉行中改め候て修復御渡しなさるべく候、尤も御長屋大小もこれあるべく候、この段は組々にて割り付けの儀勝手次第致すべく由、小頭長屋の義加納の格の通りに万事仕るべく段仰せ出され候

一、安原筋、組長屋とも見分させ、小頭召し連れ罷り越し候ところ、殊の外組長屋不同これあるに付き、寄合の節詮議の上長屋不同にて割り付けも仕り難

新発田藩の足軽長屋

くに付き、御月番まで御請けの儀宜しく申し達し、組々鬮《くじ》定め候はおってあい定めるべく段同役中存じ置き候」

松本藩に移り、いよいよ屋敷割りのこの日、惣足軽に帳面を渡して、これに基づいて長屋を割り渡す予定であった。ところが、見分したところ破損の箇所あり、長屋にも大小ありで割り付けも難しく、結局、後日組々籤引きで決める段取りとなっている。なお六月の見分済みの中には宮村町・小池町・出居番町・御徒士町・西町・籏町・宝永寺町などがあり、ここも長屋だったことがわかる。

この記録に見える破損か所については、使い古しの上に水野家住人の決別の破壊印《しるし》なども加わったもので、とにかく破損箇所の多いことに驚いている。特に床板のないものが多く、一人に床板三、四枚といった程度では間に合わず、注文は七月になって組ごとになされ、挽板《ひきいた》一四〇〇枚は一四組へ、一〇〇枚は御持鑓役へ渡されている。当時値段は金一分に板九〇枚程度。一枚は幅一尺（三〇センチ）・厚さ六分（一センチ六ミリ）・長さ六尺（一八〇センチ）とある。一組二〇人ほどであるから一人五枚程度となる。

現在市の重要文化財に指定されている御徒士町の高橋家住宅は、切妻屋根の平入り、桁行き六間半・梁行き四間半（二九坪ほど）という小ぶりの、十字に四つの小部屋に仕切られた四間取りの屋敷である。各部屋には畳が敷かれ、板張りの

高橋家住宅

天井には竿縁の化粧がほどこされ格式高い屋敷造りとなっている。

東ノ丁にある県宝★の橋倉家の屋敷は、桁行き六間半・梁行き五間の切妻平入りの屋敷である。この建築年代は十九世紀前半期とされている。高橋家のほうは享保十年以前とされているが、この記録では長屋扱いとなっているから、それ以降と見られる。ただこの頃には長屋も修復しなければ居住できないほどに老朽化も進んでいたであろうから、間もなく長屋の改築や個別化も進んだものと思われる。しかし、安政五年の「松本御長屋帳」の記録(曲田昭家文書)もあることから、かなり後年まで長屋形式の侍屋敷は残っていたようである。

新改築が進む屋敷の規模規制

一方、五〇〇石以上の諸士身分の屋敷は、狭いところでも三〇〇坪を超えるし、徒士クラスの者でも一五〇坪から二〇〇坪の屋敷である。このようなところでは、次第に住生活が華美になり、新改築も進んでくると、規制も加わってくる。

安永六年、綿屋火事大火災後の新築する家の規模を定めている。

- 禄高五〇〇石〜　七〇〇石までの者……四〇坪〜四五、六坪まで
- 八〇〇石〜一八〇〇石までの者……四七、八坪〜五四、五坪まで
- 一九〇〇石〜三二〇〇石までの者……五七、八坪〜六四、五坪まで

▼県宝
県の宝、県の文化財に指定されたもの。

橋倉家住宅

・三三〇石～四〇〇石までの者……六七、八坪～七四、五坪まで
・四〇〇石～六〇〇石までの者……七四、五坪～八四、五坪まで
このように規模を制限したとしても、まだまだ広大な邸宅である（「御法律」）。

このような家は、みな玄関付き座敷付きの居宅であり、土蔵付きであった。だから、鳥羽の頃の、天気を見ながら庭でした客人のもてなしを今更のように思い出すのである。その頃は、客のめいめいが飯を持ちより、主人側は汁だけを用意する「汁講」という供応がはやっていたとある（『世々のあと』付録）。

上級武士の住まい

上級武士太田家の屋敷間取り図一件が残っているので紹介したい。太田家は元禄八年（一六九五）美濃の加納で戸田家に仕え、その後三〇〇石を拝領し、松本に来てからは宝暦の頃は用人の要職にあった（太田克孝家文書など）。

太田家屋敷は、大手門をくぐり大名町通りつきあたりの西側西郷新兵衛の裏方にあった（河辺文書「享保十年水野家中名前屋敷付田畑石高分記」絵図による）。間口一四間四尺余り（約二七メートル）、奥行きは三〇間四尺（約五六メートル）でやや欠ける部分があって面積は四四〇坪の広大な広さである。屋敷は塀で囲まれ、表に面してたつ長屋門の入り口を入ると、飛び石の先に舞良戸《まいらど》の戸口がある。引き戸

を開けるとここが玄関である。ここから公的な間と私的な間の二手に分かれる。部屋数は二〇を超える。公的な空間は、まず左手使者の間から書院・奥書院と続き、その前庭は泉水の庭園である。飛び石沿いに小橋をわたると左手に客持てなしの数寄屋がある。もう一つ使者の間から左手に入ったところには、公的空間専用の部屋と台所があり書院にもつながる水場がある。

私的空間は、玄関の正面口と、右手の土間口や内玄関から居間に通じ、三間続きの居間と茶の間を置き、その左手には小座敷と奥座敷がある。さらにその奥には坪庭付きの数寄屋を置いている。居間の右手に台所関係一式を配置し、その両脇に若党部屋や女中部屋などがある。私的屋敷空間の外回りには摺屋・味噌屋・炭屋、そして二棟の土蔵があり、ほかに三畝ほどの屋敷畑が

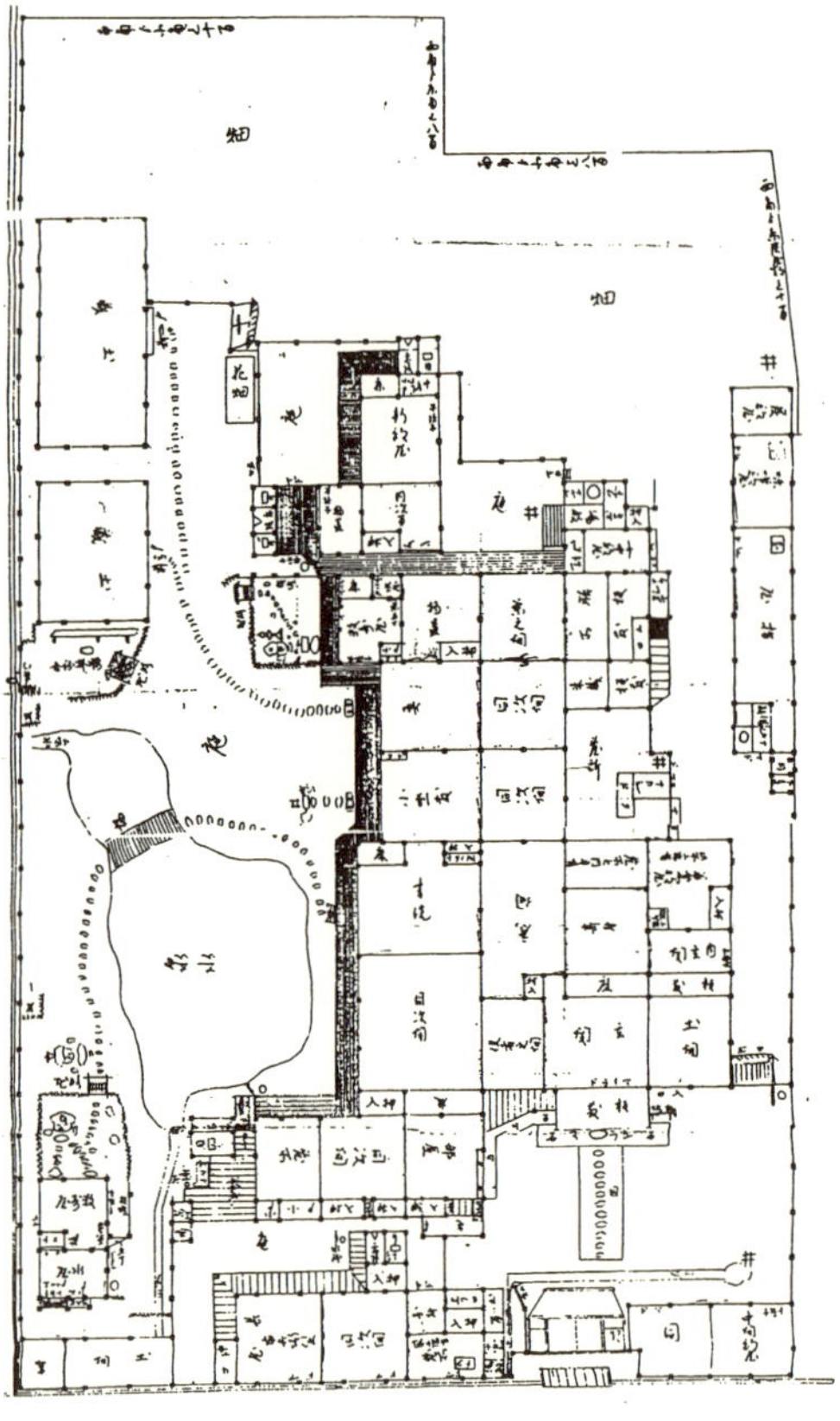

太田庄太夫屋敷絵図

広がっている。耕作は長屋門に住む中間らの仕事であろう。

武家屋敷に付属した耕作地

武家屋敷の屋敷畑に関しては、どの屋敷にも大なり小なりの差はあるものの屋敷付田畑として屋敷内のほか広く周辺諸村にまで及んでいた。例えば、

・元水野家四〇〇石持ち山上官兵衛の跡に入った戸田家三〇〇石の太田庄太夫は、高一石四斗四升六合の田畑地を持ち、このうち九斗二升六合は桐原分、一斗一升八合は蟻ヶ崎分。

・元水野家六〇〇石の日比矢次馬の跡に入った戸田家五五〇石の近藤兵右衛門は、高一五石五斗六升八合六勺を持ち、このうち一石二斗四升五合は蟻ヶ崎分、四斗八升五合三勺は筑摩分、二石九升四合は桐原分、二石二斗二升五合三勺は庄内分、一石二升二合は小嶋分、八石四斗九升七合は出川分。

ところが、中小姓級では四斗前後、足軽級になるとそのほとんどが一斗前後の屋敷畑にすぎなかった。

このような武家屋敷付田畑を合計すると次のようになる。

・合計三一二石四斗七升七合九勺　この内訳（注・若干の誤差あり）

一四四石九斗三升二合　桐原分

九三石九斗六升三勺	松本分
一石六斗八升五合三勺	筑摩分
五斗四升六合	中林分
七石五斗七升七合	小嶋分
四石五斗二升六合七勺	鎌田分
五一石四斗一升五合	蟻ケ崎分
五石二斗七升二合三勺	埋橋分
八斗四升三合三勺	三才分
一石七斗一升五合	宮渕分

（河辺文書「享保十年水野家家中名前屋敷附田畑石高分記」）

このように、主には桐原分（村）・松本分（村）・蟻ケ崎村の村々において、三〇〇石余りの土地が武家屋敷付属の耕作地であった。こうしてみると野菜などはほとんどが自給品だったことがわかる。

③ 戸田光雄の治世

光慈早世のため、享保十七年（一七三二）八月、弟の光雄が一七歳で跡を継ぎ、宝暦六年（一七五六）十一月、四一歳にてこの世を去った。光雄は正室のほか一一人の側室をかかえ、九男七女を設けた。後代の藩主となった光徳・光和・光悌の三代はみな光雄側室の子である。

武芸を重んじた名君光雄

光慈も光雄も藩主在城の時は、武芸の見分は恒例のものであった。光雄公見分の時、近習の者がたばこ盆を差し出したところ、それを拒んだ。その理由を尋ねたところ、「諸士の嗜《たしなみ》を見分いたし候は、重きことに候。しかるところたばこ吸い候て見分致し候えば何か慰みのように見え不本意に候」（『世々のあと』）と言い、武芸を慰《なぐさ》みごととして見てはならいと強く諭したという。師範家に残る稽古出席帳を見ても、この頃の稽古人数は非常に多かったという。

こんなエピソードもある。

水野家改易後、浪人となった橋本流の剣術家矢田杢右衛門《やたもくえもん》は、その剣術をもって身を立てようと、しばらく伊勢町の名主五郎右衛門宅に居候をしていた。五郎右衛門が、戸田家の剣術家牧弥五左衛門《まきやござえもん》（明和年間二六〇石）と能勢覚兵衛《のせかくべえ》（同

寛政七年武術免許皆伝を祝って奉納した絵馬（須々岐水神社）

一一〇石）を自宅に招くと、早速杢右衛門は、能勢氏に橋本流の試合を強くねだった。能勢氏は、何回も断ったが断り切れず試合に臨んだところ、三度に三度とも能勢氏が勝ってしまった。敗れた杢右衛門は、我が剣術をもって戸田家に奉公を求めようと思ったが、そのようには参らずと立ち去ったという。戸田家武勇の逸話である。

鉄砲矢場の設定

このように、戸田家は武芸の振興に力を入れていたから、鳥羽から松本に移ってくると、すぐに足軽らの鉄砲稽古の鉄砲矢場の見分に当たっている。享保十二年(一七二七)二月、当面一カ所を仕立て、ゆくゆくは安原の地に五カ所も仕立てるように命じている。そして、早くも六月には五カ所の矢場を完成している。鉄砲矢場は天白町・東萩町・御堂町・籏町、弓矢場として籏町、計五カ所の矢場である。そしてさらに元文《げんぶん》五年(一七四〇)には、各足軽組の組の矢場も造り上げている。小頭の者、平の者、よく「精を出し候て宜しく出来候」と褒美の言葉を貰っている。

侍屋敷の中には、足軽屋敷にしても絵図の中に空き家がよく見られる。この奥行きの深い空き家こそ、ほどよい弓矢の稽古場となり、また道場ともなったのである。鉄砲矢場のうちいくつかは、文化三年(一八〇六)の絵図(河辺文書)でも確認

▼賭鉄砲
賭をした鉄砲練習。

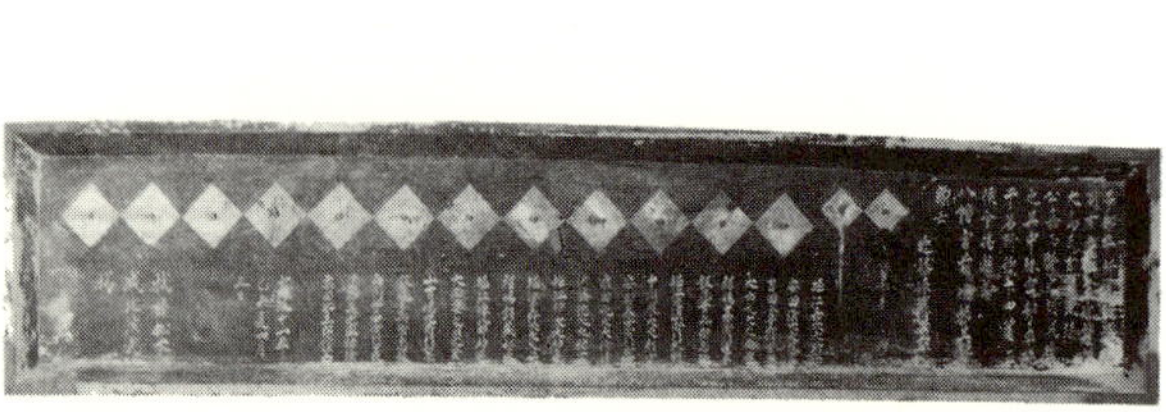

寛政十一年砲術大島流門下生らが奉納した絵馬
（筑摩神社蔵）

できる。

延享《えんきょう》★三年(一七四六)の二月には、賭《かけ》鉄砲が問題となっている。藩は、この頃足軽どもはことのほか鉄砲を励んでいるからと、鉛も高値となりかれこれ差し支えもあるが、「鉄砲も武芸に候えば、一、二銭の賭の儀は苦しからず候」と、武芸の励みとして賭鉄砲を認めている。

ところが鉄砲矢場のうちでも、東萩町の矢場はあまり使われていないという。その理由を聞いたところ、往還の近くにあって旅人が入り込んで見物したり、光の関係もあって撃ちにくく困っているという。早速、矢場囲いのための古木も蘆の簀子《すのこ》も作事所から資材が調達されている。

城の北安原地区の鉄炮矢場の図（文化三年）

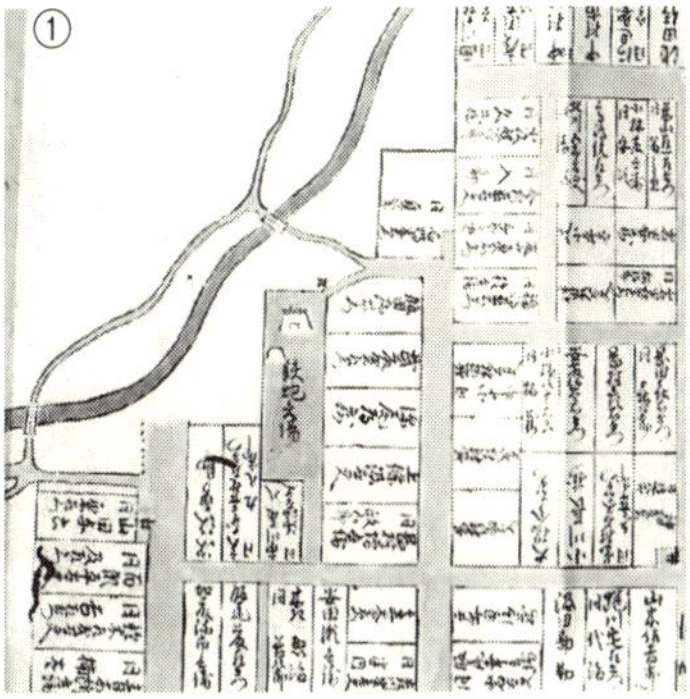

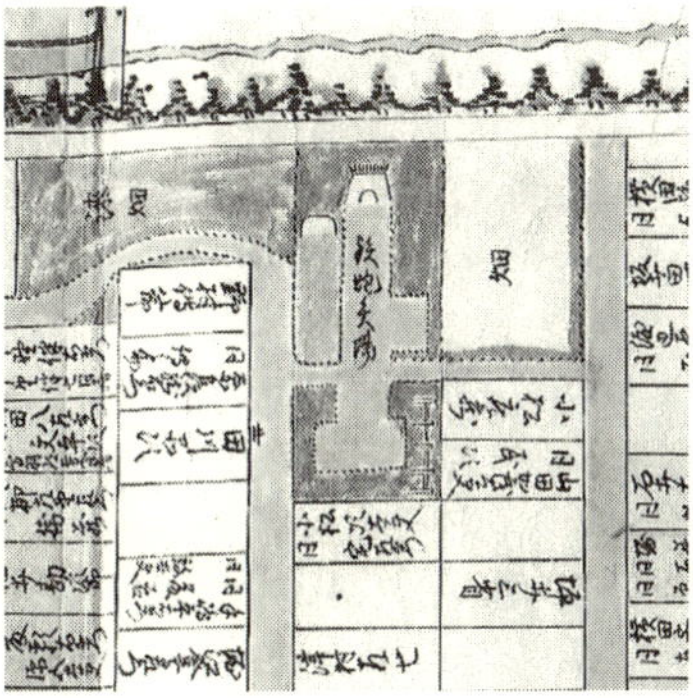

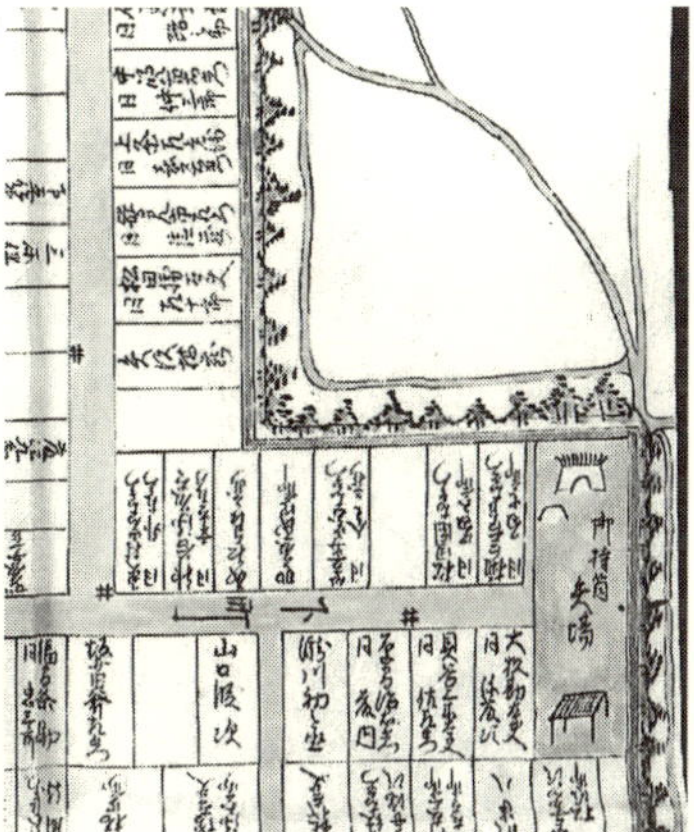

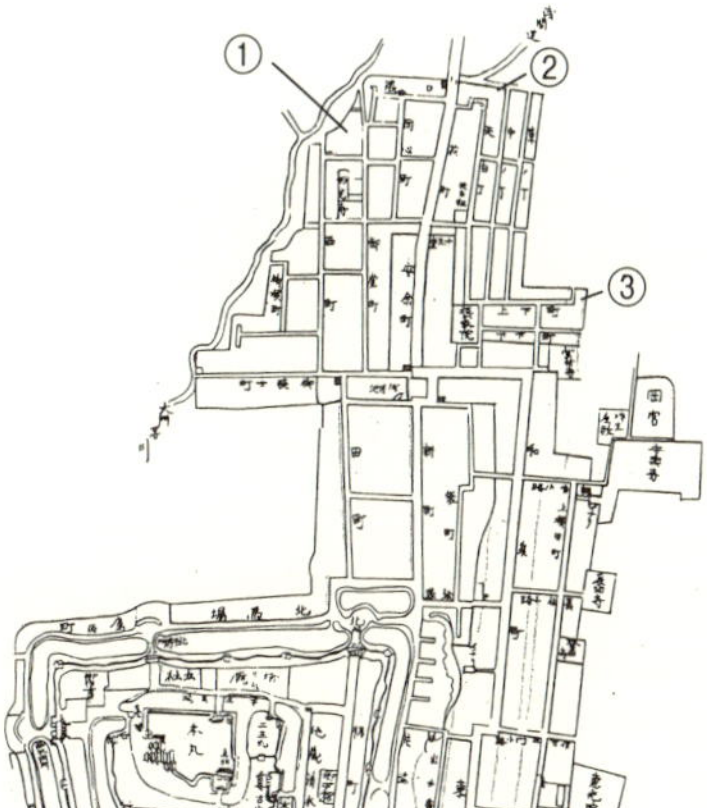

（松本市文書館河辺家文書）

④ 足軽の反乱

武士の格式は松本藩の場合、諸士・徒士・足軽の三層に序列化されていた。その間にはしぐさや身なり、服装・立居・振舞・言葉遣いなどとして違いを求められた。足軽層が最も厳しい差別を受けた。足軽たちは上昇意欲に燃えて上級武士の風情を取り入れようとした。しかし軽き者に学問は無用、風儀を正せと絶えず規制を受けた。

軽き者は学問無用

ところで、矢場はなぜ足軽屋敷に集中していたのか、問題になろう。

『魁将録』宝暦三年（一七五三）三月（御用番西郷新兵衛）の条には、

「軽き者、遊芸などは勿論結構の儀ながら、学問など無用のことに存ぜられ候由、同役申合せ、筆算などは平日御用にも相立ち候ことに候えば、武芸心がけ候間にあい習い候は、その通りの儀に存ぜられ候。御考え通り軽き者学問など仕り候えば、かえって頭支配をも下に見候儀もこれあるべく候」

とある。足軽など軽き者には学問は無用であるという。遊芸や平日役に立つ筆算など学ぶことは結構なことであるが、学問を学ぶと上の者を見下《みくだ》すもとになるから無用だというのである。松本藩の中・下級武士が、朱子学本学ではなく、武術・兵学はもとより医学・数学など実学に秀でていたのは、こうしたことに理由があろう。彼らには、人材登用の道は開かれていなかったのである。

しかし、軽き者は「学問は無用」と、ここまではっきりというのには、それなりの理由があった。この頃、一般的な風儀として、延享三年(一七四六)には「他所などへ参り候ても足軽のように相見え申さず」とか、宝暦三年(一七五三)十月の条には「近来、御足軽どもに限らず軽き面々、諸士に対し無礼などもこれあり」とあり、ゆくゆくは「上下の差別もこれ無きように罷りなり候」、といった状態に、藩は手こずっていたのである。もはや身分秩序の危機に陥っていたのである。

ちょうどこの頃、上級武士の諸士らを対象にした新町学問所が始まるのは、こうした状況への対応策であろう。

足軽のように相見え申さず

『魁将録』の延享三年(一七四六)二月六日の条に、足軽の鬢《びん》(髪型左右側面の髪)が近年厚く見え、髷《まげ》なども大きく見える。鬢は六、七分に限ること。柔弱《にゅうじゃく》な風情にならぬようにすること。二十二日には、最近、名前替わりがあり、希有《けう》な難しい名前を付けている。難しい名前とは、文太右衛門とか善太右衛門などという名である。これからは文右衛門、善右衛門とせよという。髷については「大

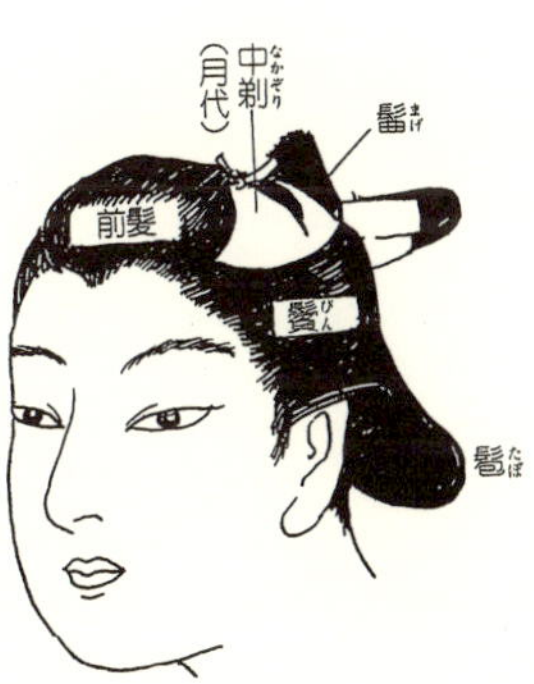

結髪の各部の名称

きなる体にて、にやけたる儀、思召《おぼしめ》しにあい叶わず候」とあり、また他所へ出かけたときも「御足軽のように相見え申さず候」などとある。

厚い鬢付け、大きい髷、難しい名前などと、こうした足軽の様子を、「柔弱」で「にやけた」様子ととらえ「足軽のように相見え申さず」といっている。上品な上級武士の風情を真似たものであろう。

この時代は、戦場での争いごとなどは全くなくなり、武家たちにとっては天下泰平の時代であった。本来が番方（武官）として採用された足軽たちにとっては、いくら武術に長けても功名出世の機会はなく、学問の機会もなく、足軽身分から抜け出ることはできなかった。長屋の官舎住まいで服装も木綿に限られ、昇給は見込めず、むしろ物価高や減知策によって俸給は減るばかりであった。役方に就いても人員削減でその機会は減り、時たま筆算に長けた者が勘定方に採用されるくらいのものであった。

こうして、足軽たちの不満は、次第につのってくるのである。

松本に来てからは、少しながらも給分も安定し、城下町町人らの華美な生活に接したことが契機となったのであろうか、「足軽風俗の流れ《（ママ）》」がにわかに話題となるのである。その心性の根っこにあるものは、武士らしい身だしなみへの渇望であろう。

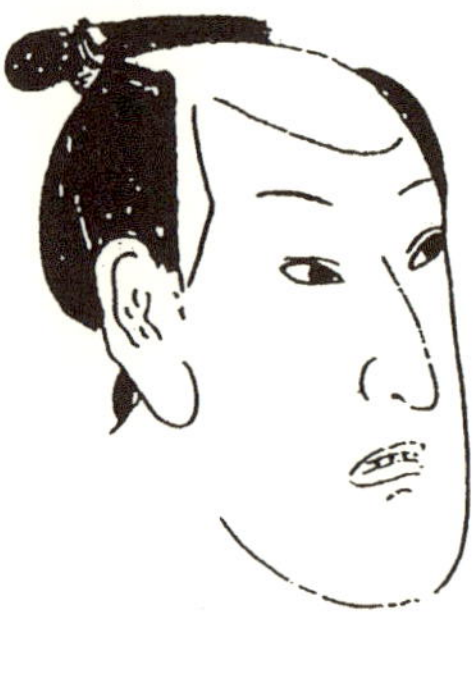

守貞謾稿の『近世風俗志』によると「今男子髪、けだし月代を多く剃りて髪を少なくするあり、また月代を少なくして髪多きあり、・鬢《びん》の高低あり、髱《たぼ》（鬢）の寛急あり、髷の大小長短あり、貴人は髪多く月代少なく、・高く髷大なり。下輩はこれに反する者多し」。

足軽風流の広がり

足軽たちの、いわゆる「風儀の乱れ」についての規制は、享保十九年(一七三四)から始まっている。この年の『魁将録』には「御足軽ども風俗、若き者のうち相見え候、六、七分を限り薄鬢《うすびん》に申し付け候」とある。髪型厚鬢は、月代《さかやき》を狭くそり、両鬢を広くふっくらと結うもので上品とされていた。

元文四年(一七三九)の八月には、この厚鬢はさらに流行したため、足軽の小頭を呼び出して足軽風俗の乱れについて規制を加えた。藩がここで髪型鬢付けを特に重視しているのは、これこそが風俗の根源ととらえていたことにある。

こうした風流の流れは、足軽だけではなく、小頭どもの絹羽織着用に見られるように軽き者一般に広まっていった。

寛保二年(一七四二)三月には、随分質素をめざしてと一〇カ条を発して規制を加えているが、「御家中平常の風俗結構の成り行き」といった様子は、例えば、○衣類など宜しくなり、○ことに火事羽織・頭巾まで華美となり、○大身・小身の差なき世風に染まり、もはや世間一般「華美いたさずは成りがたく」といった状態にまで至っていた。

この条目は、さらに別紙に細目一六カ条を示した。

江戸与力同心出役の写真

このような申し付けや仰せ渡し類を通して、足軽たちの風俗とはどんなものであったか、幾つか拾ってみよう。

①足軽らの厚い鬢付けは風俗の根源であるから、別して申し付け通りの厚さにすることと、鬢付けを足軽悪風俗の根本としている。

②絹類一切停止のこととともあるから、絹類の着用が増えたのであろう。最近は袴の絹裏や帯・襟・袖口に絹を用いる者がいるという指摘も面白い。

③平の足軽は、警備を兼ねて平日とも捕縄を腰にはさむのがきまりであったが、最近は見当たらないのみか、その代わりに巾着や胴乱を下げているという。

④また木履《ぼっくり》は前々より「御停止」のところ守られていない。上品な木履であったから利用が広がったのであろう。雨天の時は下駄ばきにせよともある。

⑤足軽には御門番の務めがあった。門の出入りには札を必ず手にとって改めることとあるから、顔パスもかなり多かったのであろう。

⑥杖を突くものもあった。五〇、六〇の年寄には許されていたが、気取って杖突く年若の者もいるという。

⑦節句の幟立ても、御徒士以下の面々は木綿の幟を立てないこととある。

⑧平日、頭巾かぶりの者もいると規制する。上級武士風俗のまねであろう。

こうした足軽たちの風俗を、「柔弱」で「にやけたる儀」というが、これこそ上昇志向による「足軽のように相見え申さず」といった風体なのであった。

上級武士諸士への無礼と反問

一方、足軽らの上級武士諸士衆に対する無礼の事態も当然あがってくる。

諸士と会ったときは必ず会釈すること。下駄ばきでの会釈はいけない。下駄は必ず脱ぐこと。また夜中などは諸士たることは提灯でわかるにもかかわらず、無言ですれ違う者がいるとか、諸士衆を広間に案内するときは、「殿」付けではいけない「様」付けで呼ぶことなどという規制の数々が設けられてくる。

一方、このような規制がでると、今度は足軽たちから早速抗議の声があがる。

会釈のとき下駄脱ぎのことを指示されたが、今までは諸頭や御番頭、御家中歴々の家族の面々に限って脱いできたのであり、諸士衆一統に脱ぐことなどとは、古来より仰せ出されてはいない。「下駄履き候節、無礼つかまつらず候様」とあるのみであり、諸士一般に対して下駄を脱ぐと申すのは新法である。古来より下駄脱ぎといった文字など一切なかったことと厳しく抗議している。

また次のようにもいう。下駄ばきのままの会釈のいけないことはよく心得ているが、それでは諸士の次男・三男については顔も覚えていない方もいる。嫡子様であっても幼少の方はなおさら覚束ないこと、と反問する。こうした場合は、結局会釈しなくてもよいといったかたちで落ちつくことになる。

そして、これらは全く「御足軽ども申し候こと、風俗の流れに存じ候」と、そしてこのような足軽どもの申すことは「各方を軽んじ候て、下の情の驕りに候」と非難し、「爾来、御差示のこと、万端古来の風俗に御心持ちこれ在りたきことに候」などと、足軽の言うことといかに風俗の流れとはいえ、頭の方々を軽んじ、少々のことも取りはからいを願い出てくる。このような反問などは、今までは考えられないことであった。かくも役威が薄くなったのは、全く足軽どもの驕りのゆえであると慨嘆して、古来の風俗を心願するのである。

増えた婦人の夜分の寺社参詣

足軽たちのこうした風俗の流行は、当然婦人たちの間にも起こってくる。外出着の競い合いは、なんと言っても寺社参詣の機会である。

享保二十年（一七三五）頃は、若き衆不相応な身振りで寺社参詣に出かけていくこと慎むこと、と規制されていたぐらいであったが、元文三年（一七三八）には、「婦人の夜分の参詣堅く無用」となった。しかし三年後の元文六（寛保元）年には、それなりの理由のある場合は、夜中にても婦人の参詣「向後、参詣苦しからず」と認可された。

翌年寛保二年（一七四二）の安原十王堂祭礼の様子について『魁将録』は詳しく

書き留めている。祭りには大勢の参詣者があった。軽き者の妻子などは残らず参加し、その格式にそわない詣《まい》り様は、御目付の目も恐れぬ様子、忍ぶ姿もなく「言語に極まり候」などとある。

そのため寛保三年七月八日の天白社祭礼には、婦人の夜中参詣は禁止された。それにもかかわらず、おびただしい婦人の参詣者でにぎわった。御目付はあまりに大勢ゆえに諸士方の奥方なのか、軽き者の妻子なのか全くわからないと答えている。

しかし、天白社祭礼の後には、盆祭りがあり岡宮祭礼もあり、このままでは捨て置きがたいとして、急きょ二十一日になって、「か様に相背き不届き至極」として七人の妻子が押込めの刑にされた。見せしめとしてのお咎めであった。

また翌年の寛保四年には、二人の足軽小頭が五十日の閉戸《へいこ》となっている。一人は妻が御法度の絹衣を着用したとして、もう一人は娘の婚礼で御法度の白無垢の着物を着せたり絹衣を持たせたとして、その役は取り上げられて閉戸《へいこ》となり、宛行も平足軽並の五石二人扶持に減額された。

宝暦三年(一七五三)の三月十五日にも、厳しい風俗仰せ渡しがあり、三月二十一日には、さらに倹約四カ条を出して、足軽小頭に、組の者の身持ち慎むように命じている。長羽織着用停止のこと、厚鬢は落とすこと、妻子衣服のことなど心得違いのないこと、礼儀を正し諸士衆に無礼のないことの四カ条である。

十月には、「ゆくゆく上下の差別もこれ無きように罷り成り候てはいかなることに候」と訓示し、雨降りだと言って木履《ぽっくり》（下駄）など脱がない者がいるとか、諸士と行き違いにも頭巾をかぶったままだとか具体例を挙げて、諸士衆に対して無礼のないよう繰り返し指示している。

徒党を組んだ徒士・足軽

時代は下るが、安永六年（一七七七）には、徒士の者たちが先頭になって、大勢で「衣服の儀につき」と徒党を組んで願い出た。そして「もし御許容ないときは御暇を願い奉る」などと申し唱え、大変騒がしかったと『世々のあと』は書いている。

御暇とは、今の言葉に直すとストライキである。ただ事ではない。この時の御用番は、西郷新兵衛であった。新兵衛はこの時、衣服のことについては「数代の御恩を忘却致すは不埒の至りなり、お暇を願い奉るべし」と、申されたという。武士をやめるならやめてくださいということの一言で、お暇を願い出る者はいなかったという。浪人となれば再び禄に在り付くことはできない。再就職の道のない者にとっては実に厳しい一言であった。このあと新兵衛は「上にて筋を相立て候えば、下の者は故障の儀など申し出で候儀これ無きことなり」▼と自省の言葉を残している。

▼意訳
「上役から筋を立てられるならば、下の者は異議など申し立てることなどありません」

5 戸田光徳・光和の治世

藩主戸田光雄の死後は、宝暦六年（一七五六）閏十一月、長子光徳が二〇歳で跡を継ぐが、三年後の同九年の正月二三歳で死亡。治世わずか三年であった。その後は、光徳の養子となった弟の光和が継いだ。光和この時一六歳。病気のため家老野々村内匠《たくみ》のすすめに従って隠居し、側室に一男三女の子があったが、年少のため安永三年十二月弟の光悌に後を譲った。

財政減知策の再開

光徳《みつやす》になって第一の藩政の課題は、年々増え続けてきた財政の不足金が、殿様御不幸の物入りとも重なって、とうとう一万八〇〇〇両にも膨らんでしまった、この膨大な不足金を、どう処理するかということであった。

宝暦七年（一七五七）、もう年送りできる金額ではないとして、「宝暦元年の通りに御借米仰せ出され候」と家臣から借米する減知策の開始となった。

戸田氏は、財政不足を補うために、鳥羽時代から藩士らの俸禄を減らす減知策を取ってきた。松本に来てからは、宝暦元年の減知策がある。これは三年後の宝暦四年になって大枠御返米となっている。そして再び宝暦七年、一万八〇〇〇両の不足金によって再開となった。

その後も明和八年（一七七一）・安永七年（一七七八）・天明三年（一七八三）・寛政十

一年（一七九九）・文化三年（一八〇六）・天保八年（一八三七）・文久二年（一八六二）と次々と減知を実施し、短いときは三年、長いときは五年、ただし文化三年の場合は、文化八年・十一年・文政六年と延期の連続で天保元年復旧まで二十四年間にもおよんでいる（旧『松本市史』、『松本市史調査報告書』第五集）。

拝借金頼みの財政運転

一方、水野氏時代から連年続く領民からの拝借金が、御用金である。この御用金という名の拝借金への依存は廃藩に至るまで増大しつつ続いていく。

また明和五年（一七六八）の頃から、小俣村の豪農大和又兵衛からの借り入れが始まっている。大坂の両替商からの借り入れはもっと早くから行われていた。

一概に領民からの御用金といってもいろいろあった。よく言われるところの御用金（公務上の臨時費）のほか寄特金（奇特人による献金）・才覚金（才覚に応じた拠金）・無尽金（殿様無尽など）などがあり、このほかにも御頼金（献金、奇特献金とも）とか永続金（藩への預金、村の困窮時には払い戻し）などがあった。

このようないろいろな名目、いろいろな方法による借財の累積が、天保五年（一八三四）の段階では公称一三万両もあった。

この御用金として賦課された件数を、戸田氏入部以来の年度数で数え上げると次のようになる。
○享保十一年から寛延三年(一七二六―一七五〇)まで二十五年間で……五カ年
○宝暦元年から安永四年(一七五一―一七七五)……九カ年
○安永五年から寛政十二年(一七七六―一八〇〇)……十二カ年
○享和元年から文政八年(一八〇一―一八二五)……十四カ年
○文政九年から嘉永三年(一八二六―一八五〇)……十九カ年
○嘉永四年から慶応四年(一八五一―一八六八)……十六カ年
(旧新『松本市史』のほか各村の「御用日記」等で調べた集計値)

年代とともに増え続け、とりわけ十九世紀に入ってから急増している。文政九年(一八二六)からは、二十五年間のうち十九カ年の賦課年であるから、ほとんど連年の拠金である。また嘉永七年(一八五四)の奇特金と才覚金というように件数の上では重なっている場合も多いので、実際の頻度数はさらに増大する。

御用金の拠出にあたっては、その金額の大部分は町や村の有力者による場合が多いが、金額の過大化は多くの村人たちを巻き込んでいった。

⑥ 戸田光悌と安永の改革

安永三年（一七七四）十二月、光悌は二一歳で光和の家督を相続する。
天明六年（一七八六）六月、治世十三年でこの世を去る。三三歳であった。
藩校崇教館に掲げられている「文武学方条目」の軸幅は、安永六年十月、儒官多湖明山の教えを受けた光悌の「御条目」である。

安永改革の開始

安永三年（一七七四）戸田光悌《みつよし》が家督を相続したとき、その費用の三五〇〇両は御用金でまかなわれるなど、すでに藩財政は窮迫していた。追い討ちを掛けるように安永五年十二月十七日の城内三の丸を含む城下町大火災に見舞われた藩政は、動きのとれないほどの危機に陥ってしまった。

この年安永五年の十一月七日、直書を示して、ここから厳しい倹約を内容とした改革を開始した。これが安永の改革である。

「去る冬、勝手筋の改革を申し付け、万端取り縮め（倹約）を申し付けたが、いまだ回復の様子相見えず、この度は我ら身の回りも諸事艱難をわきまえる。しかる上は志をひとつにして家法を取り失わず、文武の道・忠孝の行い専一に心がけ、厳しく倹約いたす」と宣言し、自ら冷飯を食べるとする規範を示して、五カ

村々直書写し部分
（松本市乾博幸家文書）

年の時限立法を掲げた（松本市乾博幸家文書など）。

家中改革

家中五カ年の時限立法の主なものを掲げる。

○ご祝儀の時も、平常の膳とする。するめなりなまずなり酒肴《しゅこう》一種に限る。

○御用人や御納戸方による宿番（宿直）はやめる。

○諸役所の執務は、四季を通して九つ時（正午）には仕舞う。

○他所御使者への接待や出役の接待とも締腹（節約に努める）とする。

○中小姓・徒士役人の御役御免の後は、中小姓の切米八石、徒士六石とする。

○近年御扶持役人が増えているが減人する。

そして、さらに生活上の質素倹約一四カ条を申し渡して具体化した。

○平日の食事は、汁と香の物（漬物）と冷飯とする。

○祝儀の時は、巻するめと酒に限る。

○平素の親類出会いの接待は、煮物・菜大根・豆腐とする。

など、一四項目にわたる倹約・制限の申し渡しである。これらは、今までにない厳しいものであった。この献立の品々には興味がひかれる。

• 大火災後の家作についても、禄高に応じて屋敷の坪数を規定している（前述）。

• 安永七年には家中の減知策を行い「鳥羽どおり」の支給となった。

村方に対しても、厳しい倹約を指示している。

・「朝夕食物の儀は雑飯《まざりめし》にて、晩は雑炊《ぞうすい》と相定め申す」をはじめとして、衣服・祝儀・婚礼など一二カ条の倹約令を示した。この朝食を晩食と違えて、「ひき割り交りの」雑飯としたのは、厳しい労働への配慮であろうか。

光悌名君の仲間入り

光悌《みつよし》は、天明三年（一七八三）の浅間山大噴火による凶作には、御家中には再び倹約令と減米（減知）を申し付け、翌天明四年には、村々からは冥加籾二二〇〇俵を集めて困窮者の救恤米としている。村々へのこうした救恤米によって「御救米を段々厚く下され候間、一人も餓死人これなく候」とあって、光悌も光慈《みつちか》・光《みつ》雄《お》について名君の仲間入りをするのである。

松本藩崇教館《すうきょうかん》★には「文武学方条目」の軸幅が掲げられているが、この御条目は、安永六年十月、儒官多湖明山の教えを受けた光悌が示した「御条目」である。（『世々のあと』）。

▼崇教館
一二九頁参照。

崇教館に掲げられた「文武学万条目」
　御条目
一公儀仰せ出しは勿論、家法背くべからずのこと
一礼儀を正しくし、その分限を守るべきこと
一忠孝は人倫の大綱、これを及ぼさば親戚・朋友の道も自ら明かるべし
文武は士業の本職、これを学んで則ち風俗従いて正すべし。この両端をもって平生敬うべきこと
右の条々相守るべきこと
　安永六年丁酉十月二日
（『世々のあと』）

若殿様光悌の天真爛漫の行状

このように緊迫した政治事情にあっても、光悌自身について言えば、いろいろ話題の多い若殿様であった。

ある時、殿様が馬扱いで麻の手綱を用いていたところ、元締役に「六万石の御大名が、手綱一筋叶わぬかと、ただただ落涙の有様だ」と申されたので、光悌は「御倹約のうちは御手元（藩財政）少しのことも御取り縮め（倹約）」と申され、大変に賞賛されたが、実は、光悌大の馬嫌いゆえのことだったという。

光悌は馬嫌いの上武術嫌いであったけれども、かなり女好きであった。松本在城の折、召連れ★の娘おとみをことのほか可愛がるので、御家中の間でもっぱらの噂となった。家老たちは心配して、光悌出府のあと、おとみに土産を付けて暇を取らせたという。

こんな話もある。代々の殿様は、三夜続けての奥御殿御寝所入りは控えられていたが、光悌だけはしばしば三夜連続の御寝所入りが続いた。心配になった用人たちは、夜九つ時をねらって「お目通り願いたい」と申し出ると、「今夜はもう休んでいるから、もう明日に願いたい」という。そこを達ってと申し上げたところ、赤面で「自分ははなはだ不心得、以来改めるから今晩だけは奥に寝たい」と申されたが、とにかくと二の丸へ引き入れてしまったという。光悌二二歳、若さゆえの発露であろう。

またこんな話もある。光悌は、内向きの慰労会には、「くつろいで飲むよう

▼召連れ
召使っている。

に」とよく言われていたが、その夜はまさに、上座の人から流行唄を始め、次々と当世の唄をうたい、盛り上がりには、流行の「おはん長右衛門」という卑猥な長唄を語り出す有り様となった。この時西村藤太右衛門《とうたえもん》が末席より進み出て、「これは御役目御年齢にも不似合いなこと、狂気にも候や」と申し、殿様に向かって「とかく御行儀宜しからず」と言った。その座もしらけ退出となったという。ちなみに西村藤太右衛門は八石二人扶持の御徒士である。石高も身分も低いが発言力はあった。

当時、上級武士の家には、お花畑が用意されていた。このお花畑に、光悌は瓜や茄子の類を植えさせて朝夕観ていたところ、西村藤太右衛門が、「かようの作物には不浄をも掛け、また御大名様のお楽しみにはなく、お止めなされ候」と申し上げたところ、「慰みにあらず、野菜・作物は手入れ次第で実りの相違もあり、かかる様を見るに付けても、百姓の辛苦知らるるものなり、つとめて朝夕見回るなり」とのお話があり、有り難き心と西村落涙したという（『世々のあと』）。

松本藩戸田家の職制機構

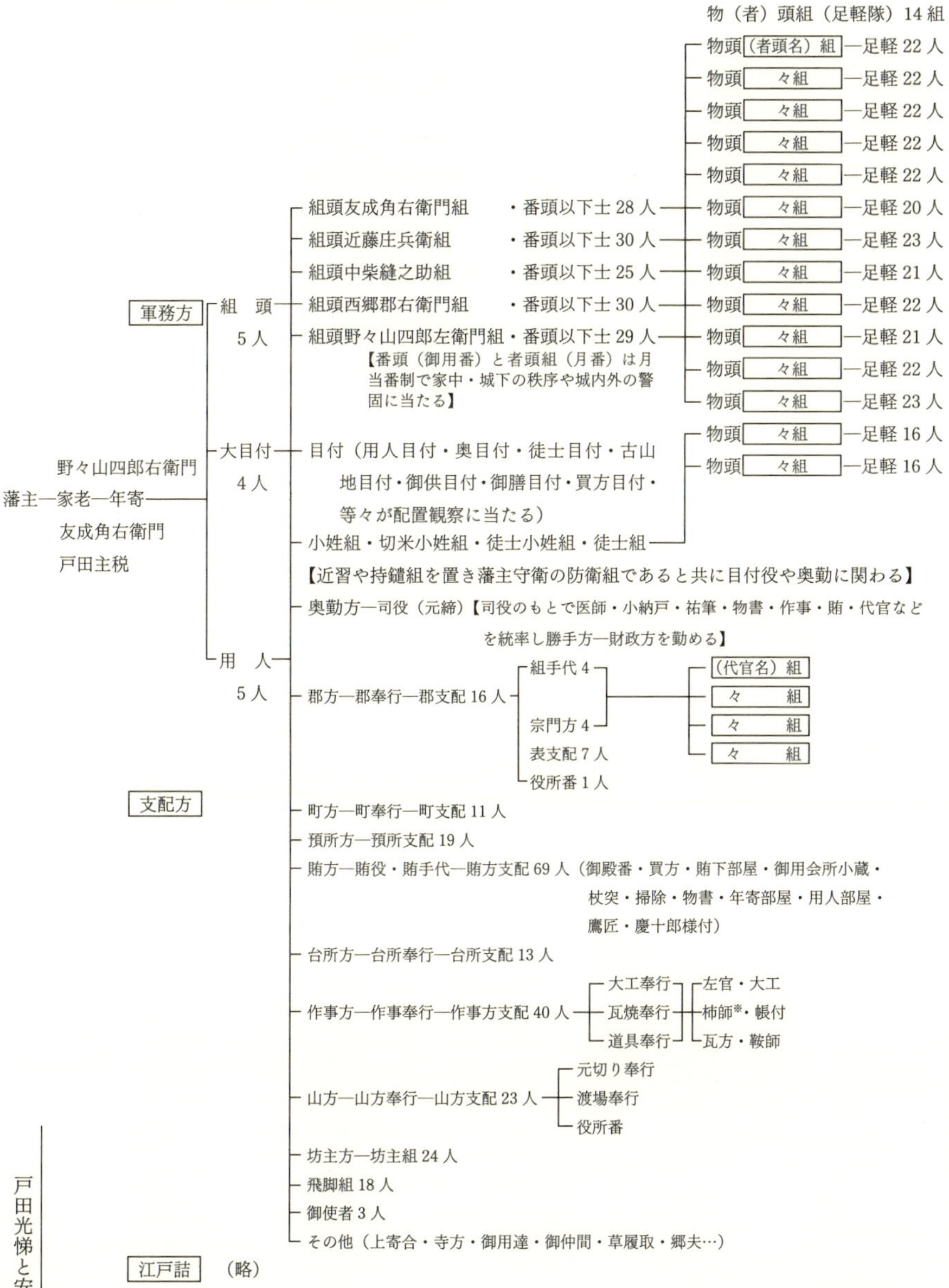
藩主―家老―年寄
野々山四郎右衛門
友成角右衛門
戸田主税
軍務方
組　頭 5人
組頭友成角右衛門組・番頭以下士28人
組頭近藤庄兵衛組・番頭以下士30人
組頭中柴縫之助組・番頭以下士25人
組頭西郷郡右衛門組・番頭以下士30人
組頭野々山四郎左衛門組・番頭以下士29人
【番頭（御用番）と者頭組（月番）は月当番制で家中・城下の秩序や城内外の警固に当たる】
物（者）頭組（足軽隊）14組
物頭（者頭名）組―足軽22人
物頭 々組―足軽22人
物頭 々組―足軽22人
物頭 々組―足軽22人
物頭 々組―足軽22人
物頭 々組―足軽20人
物頭 々組―足軽23人
物頭 々組―足軽21人
物頭 々組―足軽22人
物頭 々組―足軽21人
物頭 々組―足軽22人
物頭 々組―足軽23人
物頭 々組―足軽16人
物頭 々組―足軽16人
大目付 4人
目付（用人目付・奥目付・徒士目付・古山地目付・御供目付・御膳目付・買方目付・等々が配置観察に当たる）
小姓組・切米小姓組・徒士小姓組・徒士組
【近習や持鑓組を置き藩主守衛の防衛組であると共に目付役や奥勤に関わる】
用　人 5人
奥勤方―司役（元締）【司役のもとで医師・小納戸・祐筆・物書・作事・賄・代官などを統率し勝手方―財政方を勤める】
支配方
郡方―郡奉行―郡支配16人
組手代4
宗門方4
表支配7人
役所番1人
（代官名）組
々　組
々　組
々　組
町方―町奉行―町支配11人
預所方―預所支配19人
賄方―賄役・賄手代―賄方支配69人（御殿番・買方・賄下部屋・御用会所小蔵・杖突・掃除・物書・年寄部屋・用人部屋・鷹匠・慶十郎様付）
台所方―台所奉行―台所支配13人
作事方―作事奉行―作事方支配40人
大工奉行
瓦焼奉行
道具奉行
左官・大工
柿師※・帳付
瓦方・鞍師
山方―山方奉行―山方支配23人
元切り奉行
渡場奉行
役所番
坊主方―坊主組24人
飛脚組18人
御使者3人
その他（上寄合・寺方・御用達・御仲間・草履取・郷夫…）
江戸詰
（略）

※柿師――柿渋での渋染め師

（明和年間の家中分限帳をもとにして作成）

これも松本

お国自慢 これぞ松本名物

松本自慢の品をちょっとだけ紹介

飴

山屋御飴所の飴は、自然の甘味と絶妙な舌触り。懐かしい風味がたっぷり。

わさび

信州名物わさび。
わさび漬けからワサビまんじゅうまでさまざまな逸品が揃う。

開運老松

小豆餡にニッキを加味した蒸し菓子。
松本を代表する銘菓の一つです。
開運堂

真味糖・真味糖大島

ご存知、真味糖の黒糖版。
お茶会には欠かせないお菓子です。
開運堂

アルプス政宗

（名）亀田屋酒造店
TEL0120-47-1320

笹の誉 初しぼり

笹井酒造（株）
TEL0263-47-0762

鏡花水月

岩波酒造（資）
TEL0263-25-1300

女鳥羽の泉

善哉酒造（株）
TEL0263-32-0734

深志鶴

（名）奥沢商会
TEL0263-32-0517

第四章 寛政・化政・天保の諸改革

寛政の新条目とは。立て続けの改革で藩政を保つ。

1 戸田光行の寛政の改革

光悌にも一男二女の子があったが、年少のため分家旗本の戸田光為の四男光信を養子とし迎え、天明六年（一七八六）八月光悌の遺領を継いだ。寛政三年（一七九一）三月光行に改名して、四月光悌の長女錠と婚儀を行う。寛政十二年二月、病を理由に、かねてから嗣子としてあった光悌の長男光年に家督を譲った。治世十五年。

松本藩寛政改革のはじまり

幕府の寛政の改革は、松平定信が老中首座の地位に着いた天明七年から始まる。松本藩も改革とは銘打っていないが、それを受けたかたちで始まっている。

天明七年八月、公儀申し渡しにそろえて、当年から三年間の厳しい家中倹約の必要性と、その根拠について、鮎貝《あゆかい》十郎左衛門から説明がなされている。

まず借財の洗い出しを行い、これまでの借金年賦額が一万二〇〇〇両、姫様御婚礼の借金五五〇〇両、当年の盆前借金が五三〇〇両、都合二万一〇〇〇両の借財を抽出した。

そのため天明元年(一七八一)の家中御減知の返米は、今回は半減にとどめられ、向こう三カ年の倹約令として一二カ条の生活規制が命じられた。十月にはさらに一二カ条、翌年になってさらに三カ条が付け加えられた。

この倹約令は、二年後の寛政元年(一七八九)には、さらに向こう五カ年の延長となり、これには音信贈答一〇カ条、出会い接待の規制一五カ条が付け加えられた(「寛政元年被仰出扣」『松本市史調査報告書第三集』松本市史編纂室)。

松本藩の寛政の改革は、こうした家中の者の倹約令施行から始まった。

幕政寛政改革のひとつに寛政二年の異学の禁がある。それは朱子学を「正学」として他を退ける学問統制として考えられてきたが、近年の研究では朱子学を正学として新たな仁政が実現できると構想したものであり、その先には民衆の心を統合していく民心教化をめざしたものといわれている(「寛政異学の禁と朱子学正体制の定着」『日本の時代史17—近代の胎動』)。

松本藩も同じように、朱子学こそが藩政を構想し、民心教化をはかっていくものととらえて、寛政三年に新条目を実践条目として制定した。

定信が、寛政三年に聖堂学問所の新設・拡充に着手すると、松本藩もまた同じように崇教館の建設を始めた。

藩校崇教館の設立

松本藩校は、他藩に比べて早く、宝暦年間(一七五一～六四)には城北の新町に学問所が作られたのがはじまりだという。

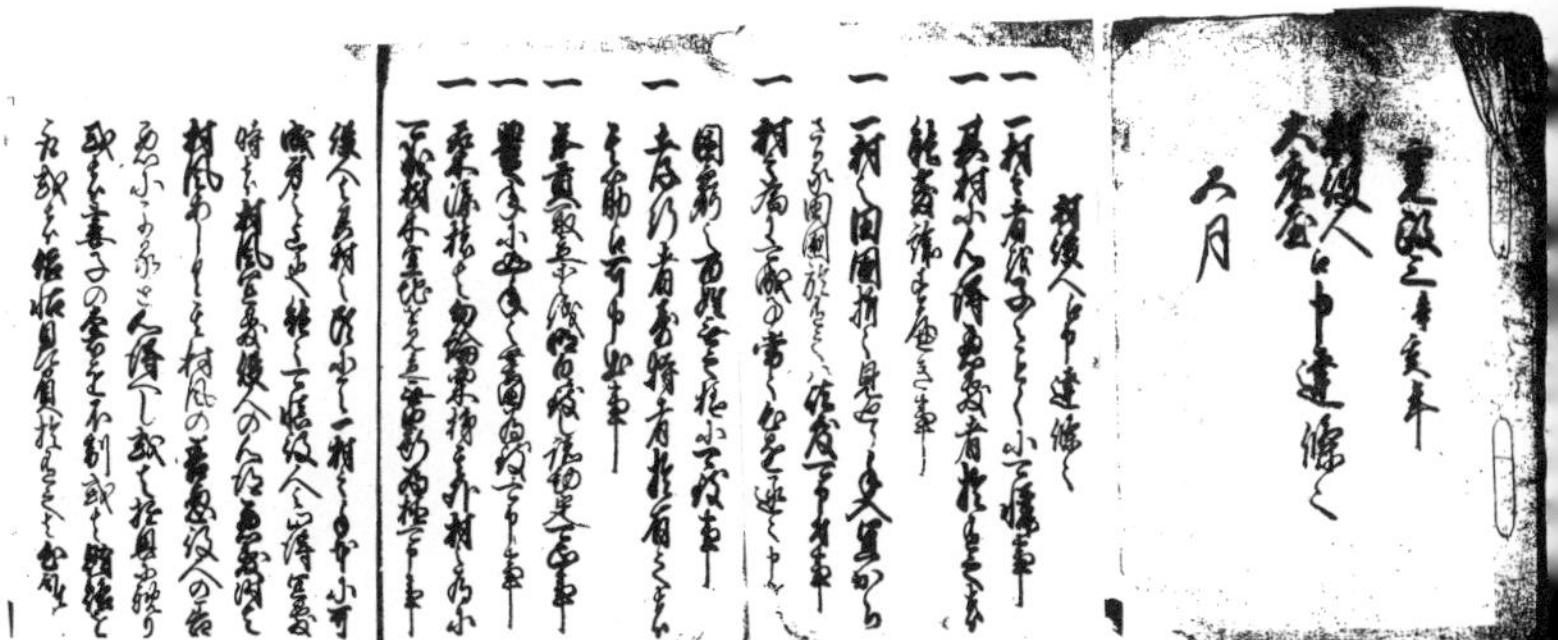

村役人への申達条々(写し)
(小口隆章家文書)

戸田氏の松本藩は、朱子学を藩是としており、これをささえた有力な儒臣に多《た》湖柏山《こはくさん》がいる。これを継いだのは多湖松江《たこしょうこう》（安永三年（一七七四）六六歳で死亡）である。この松江が新町学問所の師長であった。松江の後は子の明山《めいざん》が継いだ。

天明五年（一七八五）正月、京都で名をあげていた反徂徠学折衷派の今城峴山《いまきけんざん》を招いた。峴山の学講は藩の年寄役も参加するほど盛況であった。惜しまれながら八月に帰京している。

寛政五年（一七九三）、寛政改革の一環として新町学問所は廃されて崇教館設立となった。

崇教館は、城の東、柳町の四〇〇坪ほどのところに一〇〇坪程度の中規模の建坪であった。ここで改めて今城峴山が招聘された。二百石七人扶持が支給された。峴山は藩主の受講はもとより崇教館の教授や運営にもあった。このことは当時主流となりつつあった折衷的儒学を取り入れて、今まで学んできた朱子学を一層強化しようとしたものであった。

藩校の学方条目は、文武は士業の本職であって、忠孝は人倫の大綱とする朱子学を基本に据えている。しかし、その受講が許されたのは家中諸士（五十石以上）の者に限られていた。中小姓以下足軽はもとより平民は許されなかった。「軽き者学問など仕り候えば、かえって頭支配をも下に見候儀もこれあるべく候」と、足軽など軽き者には学問は無用であるという姿勢に立っていた（『魁将録』）。

お国自慢

ここにもいた松本人

近世・近代日本を彩る松本出身者たち

藩校の記録を残した　浅井冽《あさいきよし》（一八四九〜一九三八）

浅井冽といえば、「信濃国の歌」はあまりにも有名である。浅井冽は歌作の傍ら、県下各地の小学校唱歌をつくった。浅井冽の仕事の中で、わりと知られていないものに、研究と調査の仕事がある。明治十六年から十九年にかけてまとめられた松本藩学校の沿革や学士小伝とか私塾寺子屋取調の記録である。その後の松本藩校や寺子屋教育の研究は、ほとんどが浅井の研究調査に基づくものである。浅井冽の人と仕事について、平成二年にまとめられた『浅井冽』（松本市教育会）があるが、その「調査・研究・報告」の項には、浅井のまとめた調査報告のかなりの部分が収録されておらず残念と言うしかない。

崇教館の通学生は、一五〇人ぐらいのもので人材登用をねらった教育機関であった。したがって、武士たる者は文武両道の兼修だといっても、文を修め漢学を学ぶことに重点が置かれた。年末の定期大試験では、文は五等に分けて厳しく試験が行われたが、これに対して武は各師範の裁量で優劣が決まった。四書・五経の学問に通じた者は、武術の免許以上に高く評価されたのである。

このような教程では、文が優先して、学ぶべき四書・五経の漢学の学問も単なる博学多識の教養主義に陥り、傲慢や驕りや慢心が表れてくるようになる。

庶民教化の寛政の新条目

寛政の改革では、在方・町方に対しても儒学による教化政策が進められた。これが、寛政三年(一七九一)発布の寛政条目である。

条目は、大庄屋宛一カ条、村役人宛八カ条、惣百姓宛一四カ条、惣町人宛一五カ条、婦女宛六カ条の生活心得を示した条目である。そのいずれも、朱子学に基づいた詳細な徳目で民心教化をねらったものであった。

同じように、儒教の教えを軸にすえた享保十四年(一七二九)の戸田光慈直書条目があるが、これと区別するために、今回の条目を「寛政の新条目」と呼んでいる。

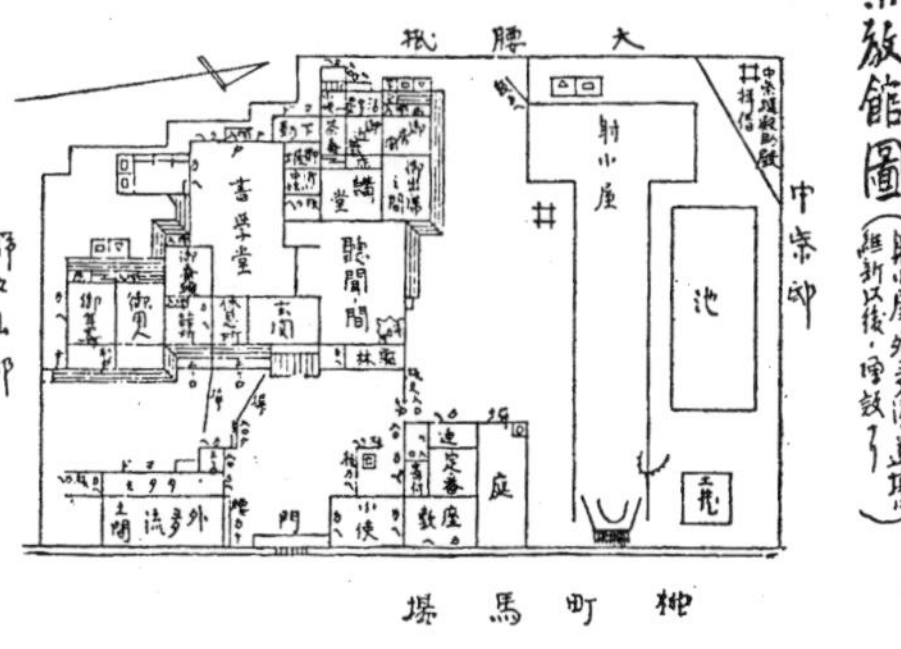

崇教館の図

寛政の新条目が、旧条目と異なるところは、その一カ条一カ条に詳細な説明をつけ、単にそうあるべしではなく、そうあるように育成・教諭することを義務づけて、その理念の具体化として寛政の諸施策が位置づくことにある。

1、大庄屋への条々では、ここでは、その組村々を「折々巡視して教え導き、村役のものの心得をも申し含むべし」などと村役人への心得方を教諭している。

2、村役人の条々では、村役人は「村の者を子のごとく憐れみ」を持って、その村に「心得悪しき者がいた時は教え諭すべき」こととか、「村々田んぼを折々見回り、手入れ宜しからざる田んぼにはきっと申し付けるべき」ことなどと、教え手ほどきすることを定め、「村の為になるべきことに常々心がけ」て「追々教え申し、困窮の百姓ないようにいたすべき」こと、「豊年には凶年の蓄えいたさせ申すべき」こと、また、空き地を見立てて桑・漆・楮など為になる木々の植樹をすすめるなどの教諭をもって、自ら倹約・潔白につとめ、村人たちの信頼を受けて誠の役人となることを説いている。これは村役人の理想像である。理想像であったから、村人たちは逆に村役人たちにこのことを要請していくことになる。

3、惣百姓への条々では、夫たる者、父たる者、子たる者、兄たる者、弟たる者、家の主たる者、親類組合たる者などなど一四カ条を掲げている。この中

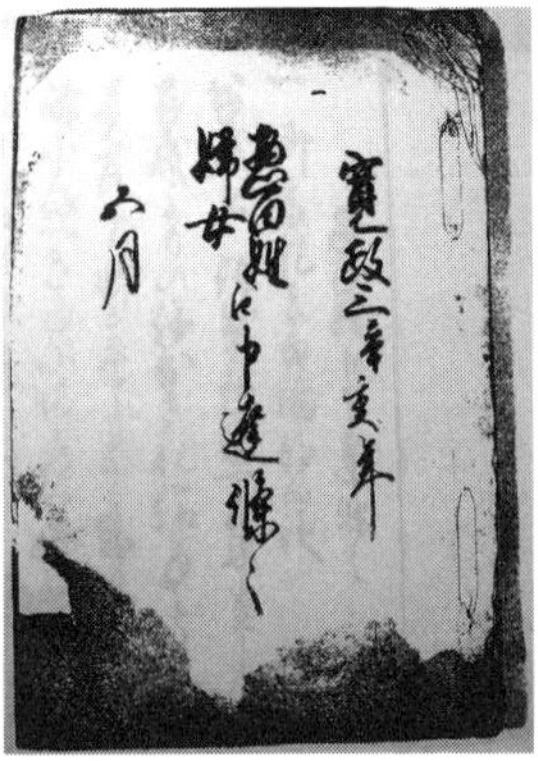

寛政の新条目

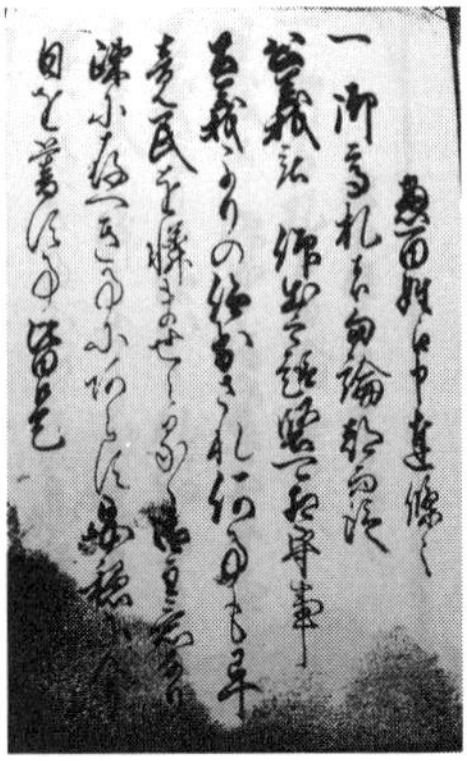

寛政の新条目——惣百姓への条目

で父たる者については二カ条を当て、「溺愛に溺れず、その子に百姓の業を教える」こと、「子を教えるは親の役と心得、物ごとよくよく教えるべし」などと、家の取り続きを教諭することに力を入れている。また子たる者では、孝行の道に多くのスペースを割いている。

4、婦女への条々では、六カ条を掲げているが、そのうち妻たる者に三カ条をあて、夫やしゅうとに善くすることを説き、母たる者については「娘に女の業を教えるべき」ことをあげている。

しかし、これらの条目をもって、朱子学の徳目を説いた精神主義の規範条目にすぎないと、簡単に片付けることはできない。

寛政元年(一七八九)、幕府は全国から善行者の表彰事例の書上げを命じて集め、享和《きょうわ》元年(一八〇一)に『官刻孝義録』として刊行した。ここで取り上げている表彰徳目は、孝行・忠義・忠孝・貞節・兄弟睦《むつまし》・家内睦・一族睦・風俗宜《よろし》・潔白・奇特・農業出精の一一項目である。これは幕府が期待した日常道徳を、わかりやすく示したものである。実は松本藩寛政新条目の徳目もこうした目でとらえることができよう。

この寛政条目は、現在でも小冊子型に綴じられて各村々によく保存されている。時には、寺子屋のお手本にもなった。つまり、これは、村のあり方、家のあり方、民衆の生き方の手本として、期待される人間像あるいは村役人像として訴訟など

松本市域の寺子屋開設数

安永年間	2
天明	3
寛政・享和	11
文化	13
文政	13
天保	23

評価の基準ともなっていったのである。

条目の先に見える寛政の社会政策

ここで、村役人への条々などを振り返ってみると、次のように、条目理念の先には、実は改革の具体策が位置づいてくる。

○田んぼの見回りや手入れの教諭の先には、藩役所は作方役所を設置し、村々では作世話役両人を置いている。

○豊年に凶年の蓄えは、飢饉対策としての囲穀《かこいこく》制度★の実施となった。

○心得悪しき者への教諭は、ここはさまざまな民事訴訟の立入人を入れた解決策の内済制度につながる。松本藩の幕府領預所では、立入人となる差示役《さじ》★の制度をしいている。こうして裁判制度は、裁許による方法から立入人を立てた内済による解決方法にかわっていった。

○子を教えるは親の役目は、子どもへの関心を高め、寺子屋の開設につながる。寛政期から寺子屋は急増した。

○孝行の道は、自分の家を守り維持して繁栄を図る家族制度のととのい（孝の家族制度）を示している。

○桑・漆・楮・為になる木々の植樹は、産業開発（殖産興業）をすすめた。文

▼囲穀制度
囲籾・囲米ともいい、飢饉にそなえた備荒貯穀。籾のほか麦やひえなどが郷蔵に蓄えられた。

▼差示役
訴訟の際の立入人となったり、村の世話役となった。

化八年(一八一一)には、このための生業資金の一つとなる通用金の制度が始まる。

このように、寛政改革の諸施策は、新条目実践の具体策として位置づくものであり、新条目は農村再生策とか社会政策とのかかわりで理解する必要がある。それは、統制策から育成・教化策への転換としてもとらえられる。

家相続世話やきの村役人たち

松本藩幕府領預所の村々は、作世話役の代わりに差示役を設置している。差示役には経験豊かな村役経験者がすえられ、さまざまな出入りの立入人となって争いごとの解決に当たっている。
塩尻組金井村の名主嘉兵衛は、この立入人としての任が認められて、近村どころか遠い村々の民事訴訟にも加わっている。自村では潰れ百姓の世話をして相続(取り続き)方に手を貸している。次のような表題の文書が残っている。題名が長いので略して紹介する。
「文政度より心掛け天保十一子年迄、名目のみにて全くは潰《つぶれ》百姓これ有るにつき世話いたし、相続方潰百姓所々へ掛け合い村方へ引き取り、実体の百姓相続致し候分扣え置き候　名主嘉兵衛」(塩尻市青木家文書)
この中から二、三選んで紹介したい。

かつて当村の家数は二五軒であったが、文政度には二八軒に増えた。天保三年(一八三二)に帳外《ちょうはずれ》★になった市左衛門が江戸から帰ってきた。改心して百姓に出精したいと元組合の者に願い出たので、仕方なく勘弁致し本村百姓に取り立てることになった。こうなったいきさつは、村三役人の話し合いの結果であるが、なにより名主嘉兵衛の後ろ盾があってのことであった。天保五年に欠落して空き家になった左平治の家に入れ、翌六年の宗門人別帳に市左衛門と女房・子ども三人を入帳した。一方欠落した左平治の後家には、越中の国からきた長兵衛一家六人を引き合わせ、翌年の宗門人別帳に入帳し、百姓一軒を取り立てた。

天保十四年には、他村の例であるがこんな話も載せている。小坂村の熊蔵という者が天保の大飢饉で困窮に陥り、家内を連れて旅稼ぎのつもりで往還筋にある叔父の世話になった。叔父は懇意にしている大小屋村の久米太郎に頼み込んだ。久米太郎は、近くには石灰稼ぎの日雇い仕事もあり、村には人手も少ないので御伝馬などの役儀もあるからと、村役人に相談した。早速にも、百姓代の仁兵衛屋敷の葉小屋★を家に造りかえてくれ、それのみか当村の百姓に取り立てられて、親子六人日雇い稼ぎと御伝馬役を勤めることとなった。

この文書は、このような事例をいくつも載せている。こうした百姓取立ての努力によって、金井村では天保十五年にはまた三軒増えて三三軒になったという。

▼帳外
宗門帳や五人組帳から削除されること。

▼葉小屋
農家の物置き小屋や薪小屋。

② 戸田光年の文化・文政期の改革

光年は、天明元年（一七八一）、元藩主戸田光悌の長男として生まれ、約束に従って寛政六年（一七九四）二月藩主戸田光行の養子となり、寛政十二年光行の家督を継いだ。正室に男子なく側室の子も幼少のため、光行の子光庸を養子とし、天保八年（一八三七）二月、五七歳で松本で死去した。在封三七年。戸田家の中では最も長い在任であった。

文化・文政の継承・育成の改革

戸田光年の文化・文政の改革は、寛政の諸改革を継承するものであるが、産業の育成といった観点ではむしろここからであった。

寛政十年（一七九八）、藩は村々の商店数の調査を行っている。長尾組の一〇カ村の調査では、店数四三店を数え、このうち、二四店は寛政年になってからの出店であった。酒・茶・塩・荒物などの商品はどの店でも扱っており、なかにはたばこ・太物・元結・油なども扱い、時には居酒屋を営む家もあった。藩は、こうした城下町の「商家の風俗を見習う」村々の作間の営みに警戒心を抱いて、分限不相応な衣服・着物の品々を規制し、藁細工や野菜・果物などを扱う新規の商店を推奨している（安曇野市山口家文書「御用留日記」）。

これらの品物の中で、この時期に、特に酒売り商店の多さには目を見張る。享

戸田家廟所、右光行・左光年の墓石

和三年(一八〇三)の在方の酒造人は、大町組一〇人・池田五人・保高三人・成相一人・上野一人・庄内二人・高出三人・長尾二人、計二七人を数えた。この享和三年は大豊作の年で、村々からは冥加籾の献上が相次ぎ、献上俵は一九五〇俵に及んだ。藩は、その褒美として酒一五〇樽とするめ一五〇把を与えているが、不作によって酒のない年は困るとして、こんな時こそと籾の蓄えをすすめ、酒造一〇分の一の貯穀を命じている。

藩は、享和二年・三年にかけて、長尾組の場合四月の二十日は野沢村・長尾村・小倉村、二十一日は岩原村・田尻村・堀金村などと回村して教諭書の読み聞かせを行っている。このような教諭読み聞かせはしばしば行われている。また、前述した幕府作成の『孝義録』に載った領内の孝行者や忠義者・貞節者などを組ごとに抜き書きして、村々に配っている。その数は、長尾組だけでも一〇人にのぼった。

作方役所は、享和元年には、甘藷の栽培や桑の植え付け方、同二年にはしいたけの栽培などの伝授を行っている。文化・文政年間(十九世紀初頭)には桑苗の仕立て方の本や「藍作方仕方書」・「山蚕之養録」などの書を配布している。こうした動きの中で文化十三年(一八一六)国産会所が開設される。

産業資金となった通用金制度

寛政改革を引き継いで行われた大きな施策には、囲金《かこいきん》制度がある。文化七年(一八一〇)の九月、寛政の改革で設けられた作方役所から囲金設置の諮問があり、翌文化八年五月から囲金積金が実施された(『長野県史』近世史料編⑤—3)。

この趣旨は、「その組に格別難渋これあり候節の心掛け」とするもので、領内一二組から高割り★半金・人数割り★半金で年々四〇〇両の十カ年積み立てを行い、これを基金にして利息七分五厘で貸し出しをする。ただし難渋の者がいた場合は、直ちに下げ渡しを行うというものであった。しかし、この四〇〇両の囲金額については、村方の反対にあって半額の二〇〇両に訂正された。

藩はさらに、この仕組みの中に、囲金のほか、四カ宿の刎銭《はねせん》★、酒造一〇分の一貯穀米代金、組融通金なども合わせた独立の通用所を設けて、融通金貸し付けを実施するという制度に改めている。貸付先については、これまでの町方通用所と同じように、返金見通しの立つ者への営業資金とか、村のためになるようなものに貸し付けていきたいとしている。これが資金貸し付けの通用金の制度である。

文化八年の五月、長尾組では、人別割り八両三分余り、高割り一一両一分余り、合計して二〇両ほどの囲金を拠出した。領内一二組の総額は一九八両三分、銀七

▼高割り、人数割り
高割りは持高割り、人数割りは人別割り。

▼刎銭
宿駅の割増賃銭の一部を刎取ったもので、費用のでないところに用いられた。

五匁となっている。

　これによって藩は、文化十年には通用金の利息一〇両分を使って桑苗を買い入れ、村方配布を行っている。梓川や黒沢川の扇状地にある長尾組では、この頃から桑の植え付けが活発に行われるようになった。

　文政四年(一八二一)の三月、長尾組の小倉村の倉次郎と茂介が糸商売資金五〇両を願い出たが、借り手が多いために断られている。この年の八月には貸付制度が改められ、助郷の訴訟費用とか新田開発の諸費用、特に国益営業の元手資金といったものにも貸付幅が広げられて、借りやすくなった。文政七年には、貸付枠はさらに広げられ、個人融通でも村融通でも利用しやすくなった。こうして、文政八年には小倉村の富十と助次郎は穀商売の元手として金三〇両を五カ年賦で借り受けている。文政十年の楡村では、拝借願い人は一〇件一八人におよび二五四両を拝借している(「御用留」)。

家中倹約令と御用金代償の苗字帯刀

　文化十年(一八一三)十二月に出された、家中の者への倹約の触れは、いわば財政困窮の告白書であった。文化八年から三カ年、家中の者の減知が行われ、翌年からは返米が始まるはずであった。ところが今年は返米ができないというのである。不作が続いたことや臨時の支出が多いため、返米五年間の延長を通告したものであった。これには、さらに贈答などの規制一一カ条、出会い接待の規制一七カ条が付け加えられていた。

ここでいう臨時の支出金は、領民からの御用金や個人からの借入金で賄われていた。

- 寛政十一年、川々普請用として急才覚金　一〇〇〇〇両
- 寛政十二年、家督相続御頼金　四〇〇〇〇両
　　三条家・今城家修築無尽金　五〇〇〇〇両
- 享和三年、飴屋火事救恤御頼金　三〇〇〇〇両
- 文化三年、江戸大火災による上屋敷焼失再建　一一〇〇〇両

個人からの借入金では

- 文化四年から五年間二〇〇〇両ずつ、豪農大和忠次郎から才覚金一万両
- 文化十一年四月、大和又兵衛から無尽金一万両

などとなっている。

このような御用金の賦課金年度数は、すでに見たように享和元年(一八〇一)から文政八年(一八二五)までの二十五年間で十四カ年、文政九年(一八二六)からの二十五年間では十九カ年となっている。ほとんど毎年課されていたことになる。この御用金の返済は、どんな方法であろうと返金するのが原則であった。十カ年賦

返済というのが普通のようである。ところが返済に窮してくると「上切《あげきり》」という打ち切りが宣告された。旧債の棄捐《きえん》である。文政十一年の無尽金一万二〇〇〇両の依頼に際しても、これまでの返済残額の才覚金は上切となった。そのため、文政十二年には四五〇両の十五カ年満期の無尽が組まれたが、苦情が多く結局解散となった。

このような苦情を救ったものが、賞志（賞賜）という代償の存在であった。この代償は、いくつかの段階が設けられて、一定の代価が定まっていた。旧『松本市史』は、これを一五段階に分けて紹介している。その主なものは次のとおり。

一三〇両以上の者に帯刀御免（苗字御免の資格者で）
八〇両以上六星紋裃の御免（独《ひとり》御礼の資格者で）
六〇両以上苗字御免（独御礼の資格者で）
四〇両以上独《ひとり》御礼（単独の謁見、一同御礼の資格者で）
二〇両以上一同御礼（大広間での謁見・正月年始御目見え）
五両以上殿中において御吸物

地域起こしの殖産興業と国産物の統制

文化・文政期（一八〇四〜一八三〇）は、全国的にも生産活動が非常に活発で、全国各地に特産物生産がみられるようになった。

この松本でも、文化十年(一八一三)、通用金の利金で桑苗の移植を始めて以来、文化十五年には、長尾組一日市場などは一村で二〇〇〇本の桑苗を注文するなどその殖産活動は活発であった。文化十三年には、京都の織師を松本の博労町によんで絹布類そのほかの織物技術の伝習をはかってその加工業の移植もはかっている。文政四年、長尾組小倉村の倉次郎と茂助は、商売資金として五〇両の借入を願い出ているが、この使用目的は、村の女・子どもに糸引きや紬織《つむぎおり》の技法を習わせて賃機の家内工業を行うことであった。松本からの生糸や紬の移出はこの頃から始まった。

また藩が奨励していた藍作は、城下町周辺の絞木綿《しぼりもめん》と結びついて藍の絞染木綿が売り出された。晒《さらし》木綿は、三河方面からの繰綿を綿布にしたものや北陸からの越中木綿が、城下町周辺の豊かな地下水を利用して晒し漂白加工されて、城下町の太物問屋に納められた。こうして藍の絞染木綿は、城下町問屋のもとで藍作・晒屋・括《くく》り稼ぎ★・紺屋のそれぞれの職種が、地域的分業のかたちを形成していった。絞染木綿は幕末から明治にかけて発展し、さらに手ぬぐいや足袋にも加工されて国内外に大量に売り出さた。松本の地域おこしの特産品となった。

こうした背景があって、文化十三年国産会所が設置され、本町倉科七郎左衛門宅を会所として営業が始まった。この国産方のもとで松本産の生糸や絹類は、国

▼括り稼ぎ
紋木綿製作過程の一作業で木綿の括り作業。

産品として城下町商人の手を経て為登《のぼせ》もの★にして上方問屋に送られるようになった。機屋営業者には貸付金も用意された。

文政十二年（一八二九）には、産物会所（翌年産物役所）に編成替えし、生糸についての規制を強めた。生糸は国産の為登糸であるから、糸挽《いとひ》きは太め細めなどないように一様に挽き、手抜きや不正がないようにして品質を高め、一把三〇五匁以上に統一して、他所出しを禁止し、すべて会所改をうけ一把あたり銀五分の積金をだすなどとする専売制をしいた。

一方、組々には、札目付を置いて村々を巡回させ、白木・穀類・種仲買・居店・出商人・薬売りなどの商札改めを徹底させた。さらに翌年には、野菜・果物・藁細工をのぞいて無札の商売を禁止した。特に居店《いみせ》・出商人・繭仲買・種仲買などの商人には無札の者が多いと注意を与えている。これら札持ちの各種の商人たちは、仲間組合に加入して冥加銀（営業税）を納入した。

また、天保三年（一八三二）には藍商いにも規制がかかり、ねせ藍★も葉藍★も共に人別・数量の国産改をうけることになった。

天保三年からは、犀川通船による物資の輸送が開始された。最盛期には一五艘の舟が行き交ったという。天保七年の積荷の種類は五一品目に及んだ。渚の松本舟会所から新町（信州新町）まで、下りは松本を早朝に出発すると正午には新町に着き、荷物一駄三匁七分五厘であった。上りは、五日間を要し一駄五匁五分と

▼為登もの
上方行きの商品。

▼ねせ藍、葉藍
ともに藍染めのための原料藍。葉のままのものや少し加工したもの。

高かった。

こうした諸産業の発展によって、松本地域にも、城下町を中核とした周辺・遠辺の地域分業的な市場構造ができつつあった。

張り紙された戸田図書事件

光年の文化・文政期の改革は、新しく年寄役に就いた戸田図書《ずしょ》や太田庄太夫《しょうだゆう》らの手によってすすめられていた。彼らが意図した専売制の産物会所は、問屋仲間の組合を通して行われていたから、ともすれば買い占めや高値販売にはしる方向に向かうことになる。この当時の半官半民の問屋や取締役名をあげると次のものがある。

麻荷問屋、莨荷問屋、肴荷問屋、笠荷問屋、穀問屋、為登糸問屋、魚鳥問屋、商目付、産物糸所、絞木綿取締、在方油世話、町方灯油行事、道中取締、藍世話、漆並鑑札取締など（松本市曲田昭家文書「村々庄屋組頭作世話長百姓留」）。

これだけあれば、領内の諸産業、諸産物はほとんど網羅されていたことになる。このような問屋の統制や管理がすすむほど、藩もまた利益を得られることになる。そして藩役人と問屋仲間とは、ともすれば賄賂で結びつきやすくもなる。施政の推進者戸田図書らは、やはり功をあせったのであろう。彼らの営業税の取立ての

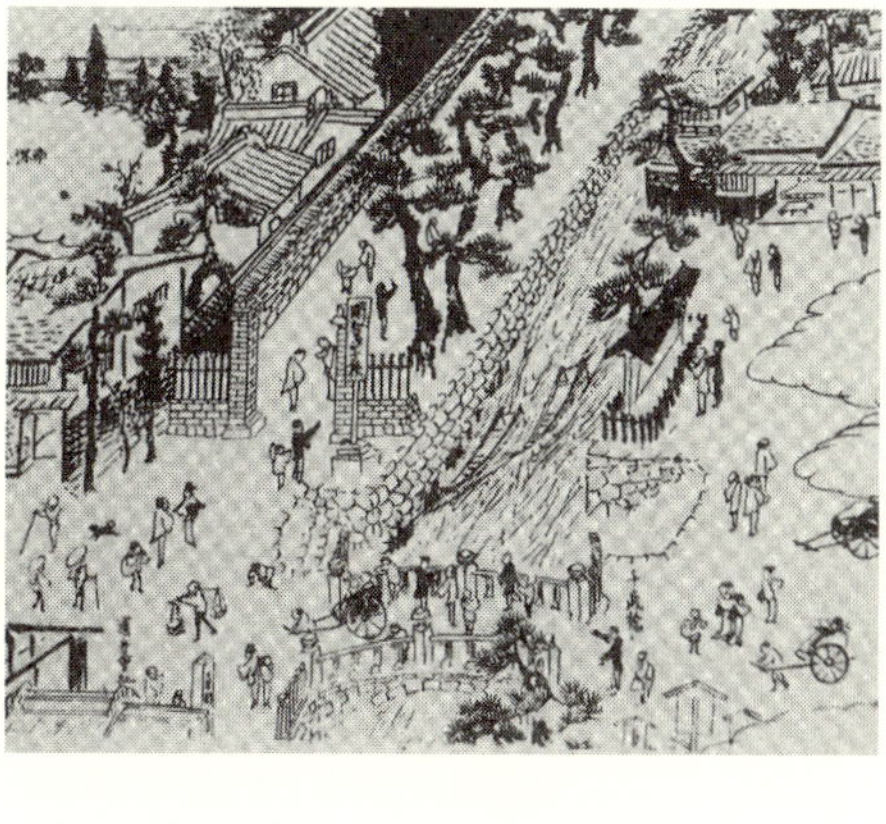

明治十一年頃の大手橋舟着場の様子絵図（『長野県町村史』）

強行や一部商人との結びつきは、多くの城下町商人らの反発を招いた。

　こんな時の天保六年（一六三五）四月八日の晩、上土《あげつち》★の木戸の塀に願書風の張り紙がなされた。翌朝には、もう多くの往来の人たちが読みあさっていた。この事件の顚末は、長尾組野沢村の庄屋与一右衛門の「公私年々雑事記」によるとこうである。

「この間、越中木綿の問屋を立てて買い入れたいとする願いは却下され、勘左衛門堰の普請人足の徴用はあまりに多くて難渋している。また酒屋は公儀の触に反して高値で売り難渋している。そのわけは酒屋の運上★が高いからである。そのほか諸々の運上万端新規の取り立てで極めて困っている。なにとぞ文政三年以前に戻して貰いたい。且つまた、太田庄太夫、戸田図書をはじめ御奉行職の山田鉄次郎・石川彦兵衛・関権太郎、御目付の大和佐市右衛門・藤田重内・松田岩太郎の方々は賄賂を取っているので領分一統難渋している。これではみな相続できないので、役替えをお願いしたい」（「公私年々雑事記」）。

　この張り紙の内容は、すでに殿様上聞に達していて、四月十三日には、太田庄太夫は年寄役御免、山田・石川の両奉行職も御免、松田岩太郎は先日まで作方役にいたが川除方に替わりその川除方も御免の上閉門になった。その後戸田図書も年寄役御免となった。

　運上や越中木綿のことについては城下町の飯森家の「庚申帳」にも同様の記録

▼上土
東門から縄手通りなる一角の通り広場。

▼運上
商工・漁猟・運送などの営業者に課した雑税。

「公私年々雑事記」

「庚申帳」
（飯森福太郎家文書）

がある。

「天保六年（一八三五）の三月、このころ迄松田氏は値段方にいて、城下に入ってくる諸商人の入荷物問屋を立てて運上を取り上げている。そのため小間物や呉服類の商売が減り城下衰微し町々商人難儀している。商人たちが越中に仕入れに行くことも許されず、殊の外難儀している。絞木綿は上田・善光寺・松代・諏訪でもはじめており、これでは松本は衰微してしまうと苦慮しているとき、殿様が松田氏の役を御取り上げになった」

城下町に入荷する商品問屋を新たに作り、運上を課すので諸物価の値上がりで町は衰微しているといい、越中木綿の移入が禁止されて、絞木綿業が他地域との競い合いに遅れることを嘆いている。また藩役人らが問屋商人らと賄賂でつながっていることに抗議している。越中木綿の移入禁止は、早くから始まっていた名古屋・三河の繰綿仕入れの絞木綿商人（立山講）と賄賂で結んだ藩役人たちの施策であった。ところが、それが露見して退役に追い込まれたのである。

そして、林忠左衛門とか西郷新兵衛という旧来からの対立派であった譜代派に、藩政の座を譲ったのである。

戸田図書・太田庄太夫らは、両人とも公家の出身で藩主の家とも姻戚関係にあったことから取り入れられて、家老職に就いた新参の年寄役であった。彼らは退役すると江戸に移って、藩邸で藩主光年やその家族に面会を求めたり、書状にし

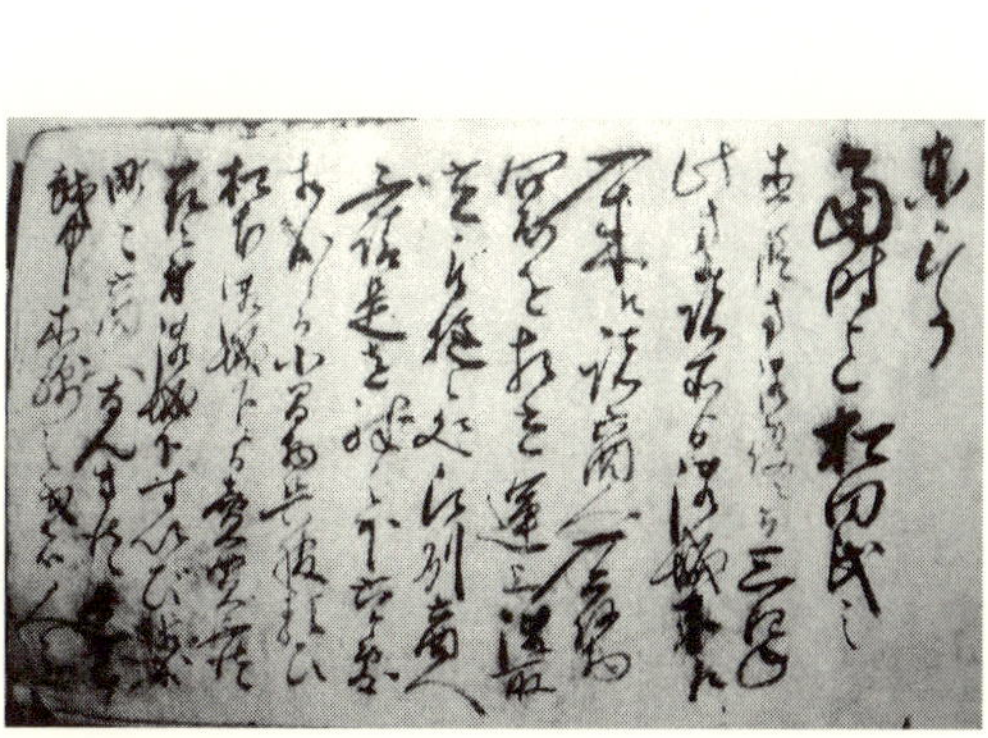

「庚申帳」の戸田図書事件の記録

たために訴え始めた。しかし、こうした藩内の対立状況は幕府に察知され、幕府の隠密が調査に乗り出してきた。窮地に立った戸田図書は、天保十二年(一八四一)八月、藩への影響を考えて脱藩した。松本藩は、事件が大げさにならないように関係者を拘束し、水戸藩に身をよせていた図書を逮捕すると、十二月その処分がくだった。処分された者は二三人に及んだ。

家中の者以外にも、図書らとかかわりのあった下角影村の庄屋久左衛門は、十一月召し捕らえられたが、逃走し行方知れずとなった。親類の者たちがかくまって路銀を与え逐電させたことがわかり、縁者の者七人も入牢の身となった。

③ 治城百年祭と赤蓑騒動

文化五年・文政八年と二度の治城百年祭は、領主・領民あげての祭典であった。この文政八年は、遊行上人の来松で武家方・町方・村方六万人の結縁が結ばれた。この年の十二月安曇一帯で赤蓑騒動が勃発した。この騒動は幾つかの分節で成り立っており、訴状はなくてもその目的は誰にも明白であった。

戸田氏の二度の治城百年祭

戸田氏治城百年祭とは、戸田氏が松本に入封して百年目を祝った祝祭である。

文化五年(一八〇八)と文政八年(一八二五)の二回行われている。後の文政八年の百年祭は、水野氏改易の後、享保十一年(一七二六)に戸田光慈《みつちか》が入ってから百年目の祭りである。一方文化五年の百年祭は、前《さきの》戸田氏時代、康長・康直二代の治世(元和三年〜寛永十年)十七年間に、享保十一年から八十三年を加えた百年目の祭りである。

文化五年の治城百年祭は、八朔(八月朔日)の日に挙行された。早朝五つ時には登城し、家老・年寄らの演説から始まり、殿様光年《みつつら》の御意のあと、家中一同御吸物を頂戴した。そのあと全久院《ぜんきゅういん》★には赤飯を供え、片宮・今宮・暘谷・若宮の戸田家ゆかりの各社にも代参して酒や肴を供えている。八月五日には岡宮や宮村

▼全久院
戸田家の菩提寺。

嘉永四年野々山内匠庸義奉納の絵馬

両社、穂高神社にも代参している。

八月九日、城下町町人らのお祝いは、子ども踊りや狂言も許され盛大に行われた。村々でも、期日はまちまちであったが、殿様からの祝いの御酒一カ村一分ずつの酒代をもって盛大に酒宴がはられた。

九月には、殿様からの長寿のお祝いとして、九〇歳以上の者六一人（男二五人・女三六人）に真綿が振る舞われた。

城下町飯森家の「庚申帳」によると、翌年六月からの町や村の祭礼日にも、殿様治城のお祝いとして子ども踊りや狂言が奉納され、城下町では、一三町の惣狂言として行われた。なかでも中町上丁の絵本太閤記が大当たり、宮村町・伊勢町・本町一丁目も当たりだったという。文化七年には中止となった。

文政八年の治城祭は、享保十一年城請取りの三月に合わせて行われた。早くから準備に入り、前回はなかった冥加の献上を求めた。三月に入るや領内からの「治城百年の御厚恩」の献上品が相次いだ。

祝祭の行事は、三月十八日から日を追って行われた。家中の者から町役人や村役人への御吸物や御酒の振る舞いがあり、献上した者には御褒美も与えられた。戸田家ゆかりの寺社への代参が行われ、大施餓鬼《せがき》★も今回は付け加えられた。また、町方・村方には小前の者に至るまで一カ村宛御酒一樽、肴代七二八文が与えられた。長寿の祝いには、九〇歳以上の者に真綿、一〇〇歳以上の者には真綿のほか

▼**施餓鬼**
死人の罪悪を消滅させ、冥福を祈って諸種の飲食を施す法令。

籾一〇俵と二人扶持が与えられた。

　そして三月二十八日、大量の冥加献上品が大手門前にうずたかく積み上げられた。献上品の中で最も多かったものは籾俵である。その数二三〇八俵。次が大庄屋グループと各酒造屋の酒三八五樽、籾代わりの大町組の麻や麻布・塩、村や町の紺屋衆の絞り染や綿布。城下町の大名主など、大町人の倉科七郎左衛門は籾三〇俵、今井六右衛門は籾五〇俵、笹井源助は籾代わりに金五〇両、近藤茂左衛門は籾五〇俵などとなっている。多くの城下町町人は田中伝右衛門は陣鐘、勝甚五兵衛は硝石、檜物師九左衛門は白木、中町鉄物師左七は矢根というように、燭台・表莚《ござ》・小箱・小杉・火鉢・硯箱・鉛・菓子・墨・手綱など各自の職分を活かした品々が並べられた（「百年御治城御祝儀献上物書留帳」『長野県史』近世史料編⑤―1）。

　三月晦日、町方は家々に簾をかけ、燈籠を飾り、一三町の町々それぞれが狂言や子ども踊り、あやつりやおいらん道中などと、俄の出し物の競い合いで沸き立った。大当たりの町は、宮村町・東町上丁・安原町それぞれの狂言芝居であった。そのほかは、東町下丁の江戸堺町写しの芝居小屋を飾った大芝居や、中町中丁の若き者たちのわらい布袋《ほてい》などが当たりであったという（飯森家文書の「庚申帳」）。

　この百年祭は、赤字財政をしのぐため献上品に目的があったとする見解もある。しかし、領民からの献上には、享和三年大豊作年の二〇〇〇俵の献上があるので、今回の献上の数々はそれほど多いと言うほどでもない。籾二三〇〇俵は当時の

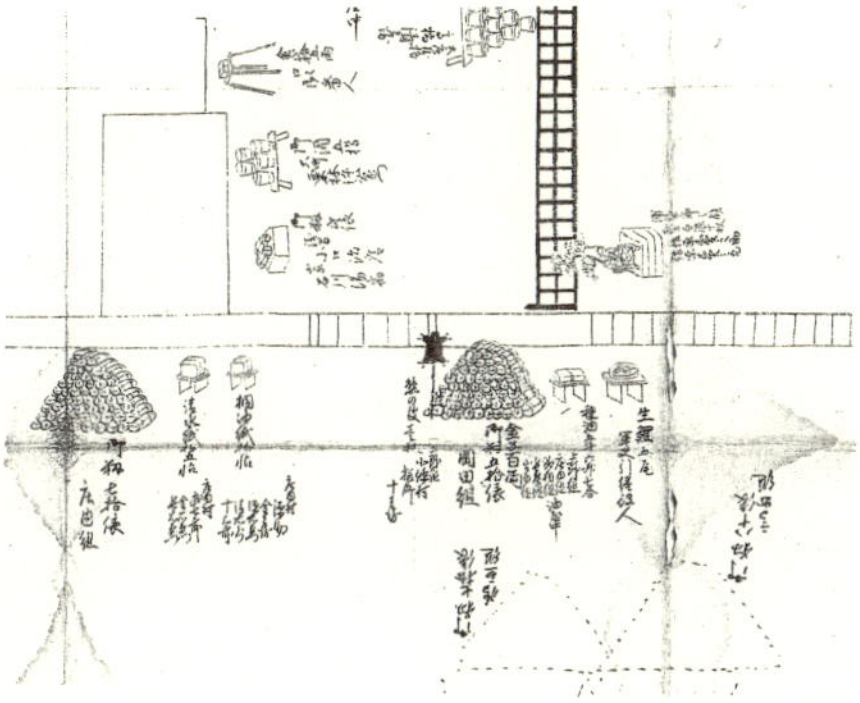
献上冥加の絵図
（松本市立博物館蔵）

値段で七〇〇両ほどにすぎない。献上物と下賜する品々、相殺してどのくらい利があったのであろうか。やはり素直に、殿様の臣下や領民への感謝の念を示して、領主・領民一体の祭礼をはかったものであろう。

念仏の遊行上人来松で六万人の結縁

治城祭が行われた文政八年(一八二五)の三月は、城下町町人にとっては実に多難な月日であった。三月三日から十二日まで念来寺回向があり、寺表は芝居興行でにぎわった。本町二丁目の生安寺では薬師様の開帳があり、ここでも人形芝居や女芝居でにぎわった(「庚申帳」)。

この三月十二日には、諸国を回国(巡礼)しながら教えを説く遊行上人の一行が、会田宿からやってきた。そして二十四日まで下横田町にある宿寺の正行寺で念仏が行われた。

遊行上人の一行を待つ松本は、三月八日から自身番二人をつけて正行寺の境内を見守った。十一日には朝から道筋の清掃が行われ、掃除のあとはお役人らの見分をうけた。十二日には道筋の家々は簾《すだれ》をかけ、飾り手桶で露払いがなされ、小路には立ち番を置いて人留めするなど町の端々まで心得が求められた。

正行寺の庫裡の二階や寺中の玄正寺・妙勝寺・浄信寺など三カ寺は、控えの場

藤沢山無量光院清浄光寺(遊行寺)
(撮影者＝遠山元浩氏)

となって御奉行以下大目付・御徒目付・飛脚・手代・同心など十数名のものが毎日詰めきりとなって接待したり指示を与えていた。

町方も、大名主や町役人は寺中に詰めきりで待機し、肝煎たちは札場の指図にあたった。上・下両横田町の名主と肝煎の町役人は、急御用の務めとして正行寺に詰めきりとなり、毎日二〇人の町人足が交代で雑用仕事にあたった。なにやかや地元下横田町の出人足は総勢二七七人にも及んだ。

遊行上人の遊行寺（藤沢市清浄光寺）は、時宗の総本山として幕府の保護を受けていた。上人らは、武家方をはじめ多くの人々の信仰をあつめて崇敬を受け、生き仏として崇められ、手厚く守られてきた。

遊行上人の来松は、まさに官民一体の歓迎であった。

遊行上人の教えは、念仏を唱えれば阿弥陀仏の本願にふれて極楽往生できると説いて、お念仏のお札を集まった人々に上人手ずから配った。札には一遍上人が願った「南無阿弥陀仏決定往生六十万人」の文字が刷り込まれていた。参詣者に渡された札数は、五万九〇〇〇余りに及んだという。一日四、五〇〇〇の人々で賑わったことになる。

御家中の武士や家族らの参詣は、十三日から二十日にかけて、朝五つ時からは家中諸士五組の一組と、九つ時からは役方や中小姓組・者頭組（足軽組）数組を組み合わせた日割りによってなされた。札所《ふだしょ》★も一般の人たちとは違って御堂のな

現在の正行寺

▼札所
遊行上人による結縁の札渡しの場所。

かにあった（市川家文書、松本市立博物館・松本市文書館蔵）。

赤蓑騒動起こる

文政八年（一八二五）は、夏から秋にかけて天候に恵まれず、冷夏と大雨によって作物は実らず、稀にみる大不作の年となった。

十二月十四日の夜、大町北方の四ヶ庄《しかじょう》の佐野村・沢渡村辺りからほら貝の合図で人々が群がり出て、「皆々出でよ、出ないものは打ち潰すぞ」という呼びかけで騒動が始まった。彼らは科《しな》の木の皮で編んだ赤蓑を着て手には棒や鉞《まさかり》、鍬の柄や杵などの得物《えもの》をもち、鎌を腰にはさんで押し出してきた。そのためこの大町騒動は「赤蓑騒動《あかみの》」とも呼ばれた。

ことの始まりは、この年は未曾有の米不足であるにもかかわらず、飯森村の富裕者らは米を近隣の者には売らず、大量の持ち米を塩島新田村の酒屋に売却し、酒屋もまた米を貯え酒造を始めたことにあった。

彼らはまず北に向かって、塩島新田村（白馬村）の酒屋数軒を打ちこわし、それより南下して大町に向かった。途中の村々で数軒打ちこわし、十五日夕刻大町で二〇軒あまりを壊した。これでことは成就したと帰る者も多くいたが、赤蓑連は新しく参加した人たちから帰ることを許されなかった。そして、夜半の十時頃

赤蓑騒動押し出しの行路図

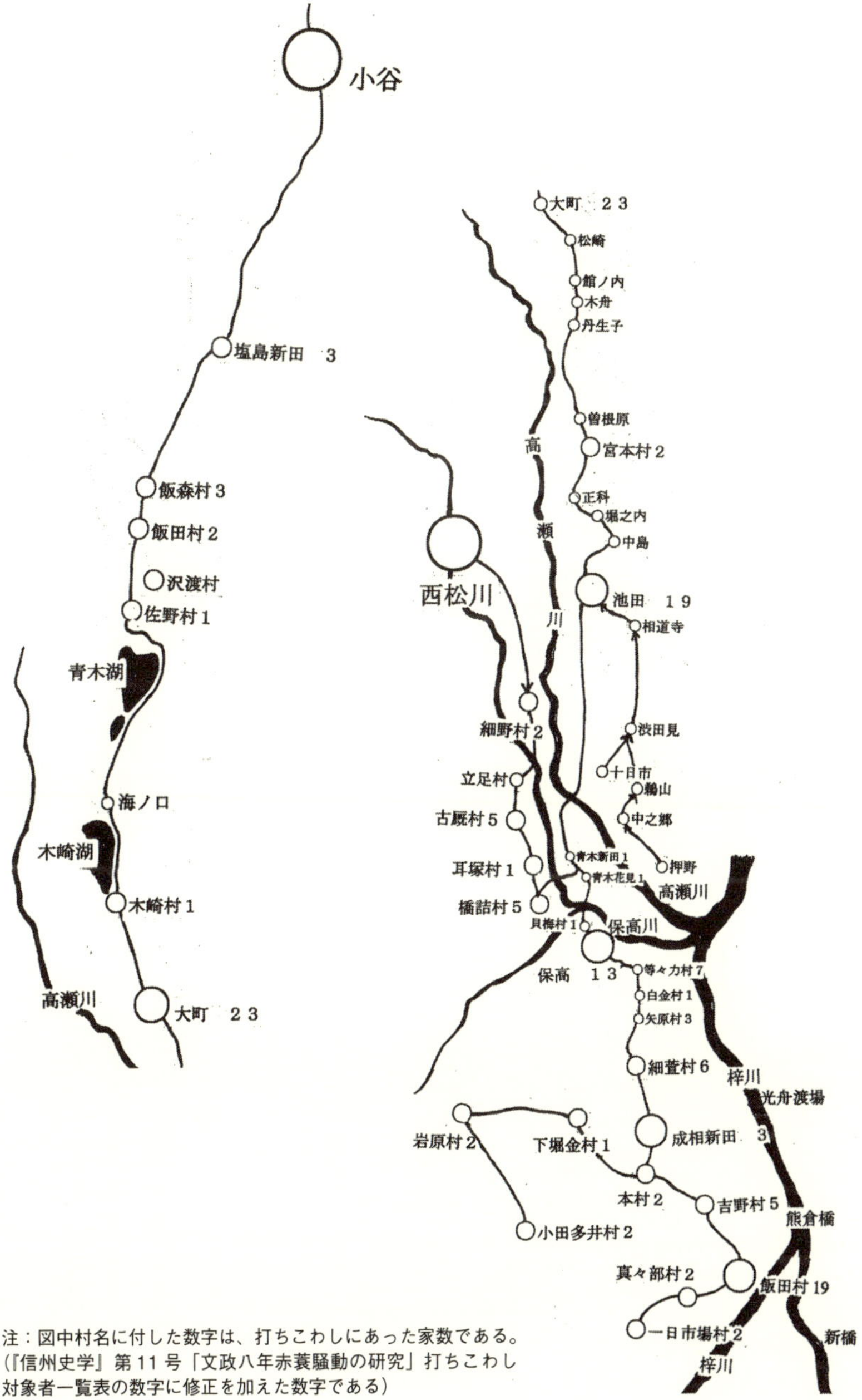

注：図中村名に付した数字は、打ちこわしにあった家数である。
(『信州史学』第11号「文政八年赤蓑騒動の研究」打ちこわし対象者一覧表の数字に修正を加えた数字である)

池田町に向かった。周辺の村から大勢が参加し打ちこわしは一一軒に及んだ。翌十六日早朝川を越え、西松川辺りから起こった騒動勢と合流して保高町に移動し、ここでまた一〇軒打ちこわし、成相新田に向かった。新田には郡奉行と大目付が五〇人ほどの同心を率いて鎮静をはかるが同せず、ここでも近村から多くの人を集めて、夕刻からまた打ちこわしが始まった。ここから二手にわかれて岩原に進む者と、一方は飯田から一日市場にすすんだ。この頃松本から者頭隊（足軽隊）数百人、同心方数百人、総勢六、七〇〇人の足軽・同心が鎮静にやってきた。彼らが鉄砲を鳴らし始めると、騒動勢は一気に四方に逃げ出した。後日の者をも含めて一三〇人ほどの者が召し捕らえたという。こうして十六日深夜になって打ちこわしは鎮静した。十七日にも、北方では小谷に押し出して八軒ほどが打ちこわしにあっている。

藩は、この時、新橋に本陣を置いて、梓川を防波堤に陣を固めていた。城下は六九口・伊勢町口・博労町口・安原町口を組頭隊（諸士隊）と者頭隊で固め、特に六九口には大筒二挺をかまえていた。このような大がかりな城下の守りは、打ちこわし勢から城下を守ることにあった。赤蓑勢に触発されて起こる町の打ちこわしを恐れたのである。

打ちこわしを伝える記録集は、家や家財など破壊にあった家数を六八軒と伝えているが、実際はもっと多く一五〇軒を超えているようである。

お国自慢

ここにもいた松本人

近世・近代日本を彩る松本出身者たち

穂高諸山を跋渉《ばっしょう》して建白書を提出する
渡辺《わたなべ》不徹《ふてつ》（一七九二〜一八五六）

通称十兵衛。寛政四年松本捨堀の屋敷に生まれる。幼にして父母を失い叔母に養育される。弓馬刀槍は勿論、学問を志して独修に励む。仏学も目ざして素童和上に参禅して印可を得る。藩の産物掛りとなり、遍く領内の産物を調査し、穂高の諸山を跋渉してその興産の方策を工夫して藩に建白する。しかし藩は渡辺不徹を用いることもなく、相談することもなく、建白書の中の西山林木の伐採や薪炭・土場木の集積政策などを実行に移した。それ知った不徹は大いに憤慨し、自分の調査した書類も資材もその一切を、城山に運んで焼き捨てた。共に調査に従事していた助手の某は、深くそれを遺憾としてそのために発狂してしまったという。藩はこれを不埒な行為として閉門座敷牢を命じた。不徹はこれを以て骸骨を乞い（辞職を願う）再び藩政に携わることはなかったという。文政元年二七歳の時だったという。不徹はこれより、禅学を専攻してその悶情を去ったという。

この騒動の経過をよく見ると、事態の進行とともに膨れ上がっていったと言うよりも、行く先々で広がりをもったもので、大町騒動・池田騒動・松川騒動・保高騒動・成相新田騒動・小谷騒動などといくつもの分節からなっていた。これをつなげたものが赤蓑連であった。「騒ぎの頭取十八位《くらい》（一八歳）と四十計《ばかり》（四〇歳ほど）と白い木綿で頭をくるまき働く有様天狗《ありさまてんぐ》様だよ、見る人これこそ人では有るまい」（ちょぼくれ★）と、彼らはもはや人間ではなく天狗様となって、象徴化されたリーダーとなっていた。

一揆勢は訴状を持たなかった。この騒動の記録「赤蓑談《あかみのだん》」を残した六角鬼洞《もろずみきどう》は★、はげしく騒動を非難しながらも、一方では、この凶作時の融通を無視した非道理、共同体の救済を考えない非道理を説いている。飢饉の時は富の融通は当然とする通念に基づいたものであった。だから人々は、打ちこわすことでそれが何を求めていたか理解していたのである。それ故、政治の非道理に道をつけ、取引の非道理に道をつける論理がそこにはあったのである。こうした意味でこの騒動は世直しの騒動であった。

危機感を持った松本藩は、翌年早くも二月には口達《こうたつ》★を発し、訴訟のルートに道をつけ、難渋者も村の生活者として守られるルートを示した。

▼ちょぼくれ
この騒動の顚末に節をつけて、謡った騒動物語。

▼六角鬼洞
諏訪藩出身の武士で医者として大町に住していた。

▼口達
口頭の通達。

④ 戸田光庸の天保の改革

光庸は、光行の嫡男。文政二年（一八一九）七月光年の養子となり、天保八年（一八三七）三月、光年の遺領を継いで第八代の松本藩主となる。松本藩は、幕政改革に先立って天保改革に着手したが、その後戸田図書事件など御家騒動があったり、偽金作りが発覚するなど失政が譴責されたのか、治世わずか九年で隠居した。

三万両の借財と天保の改革

光庸《みつつね》は、天保九年（一八三八）七月一日はじめて着城したが、その月の十一日、家中に向けて直書をもって改革の実施を告げた。収入を超える支出と莫大な借財のため、通例の「省略」★では立ちゆかないとして、格別の「取り縮《ちぢ》め」★を要請したものである。林忠左衛門・西郷新兵衛ら年寄役による藩政改革の始まりである。戸田氏は以前から、改革を行うにあたっては必ず勝手方の財政実態を調査しているが、今回は、丹念に文政八年（一八二五）から天保六年（一八三五）までの十カ年の平均収支勘定を算出している。

収入総額は三万四七二九両余り、支出額は四万〇六三二両余り、五九〇三両の支出超過となっている。しかし、この数値は経常収支であって、類焼など臨時の費用や借財返済の年賦分などは組み込まれていない。これらを含めると赤字分は

▼「省略」、「取り縮め」ともにこの場合は財政の切詰。

一万〇二一四両となり、総収入のほぼ三〇パーセントにあたる。この時の藩の借財は、一三万両と伝えられている。藩の借財は実に総収入の四倍近くとなっていた。

次に財政支出の特徴をみると、江戸諸経費が大きな割合を占めている。この膨張した江戸諸経費の中では、交際費が多く、その主なものは本丸・西の丸・大奥・老中・若年寄・大目付などへの贈答品や付け届けであった。

財政支出のもう一つの特徴は、臨時費の多さである。累積赤字分のほか天保五年の江戸屋敷類焼の借財分とか屋敷普請、有君《ありぎみ》様の通行★や江戸加役、通船や桑入用金などの臨時金の費用である。

減知と武と機構改めの家中改革

天保九年(一八三八)の直書で示された家中の者の倹約の内容は、天保九年から十四年夏までの五年間、俸禄を減らし鳥羽時代の渡し方にもどすことと、具体的に示した三五カ条の「取り縮《ちぢ》め」の倹約令である。

その中で注目される条目は、武の奨励である。これまでは随意であ

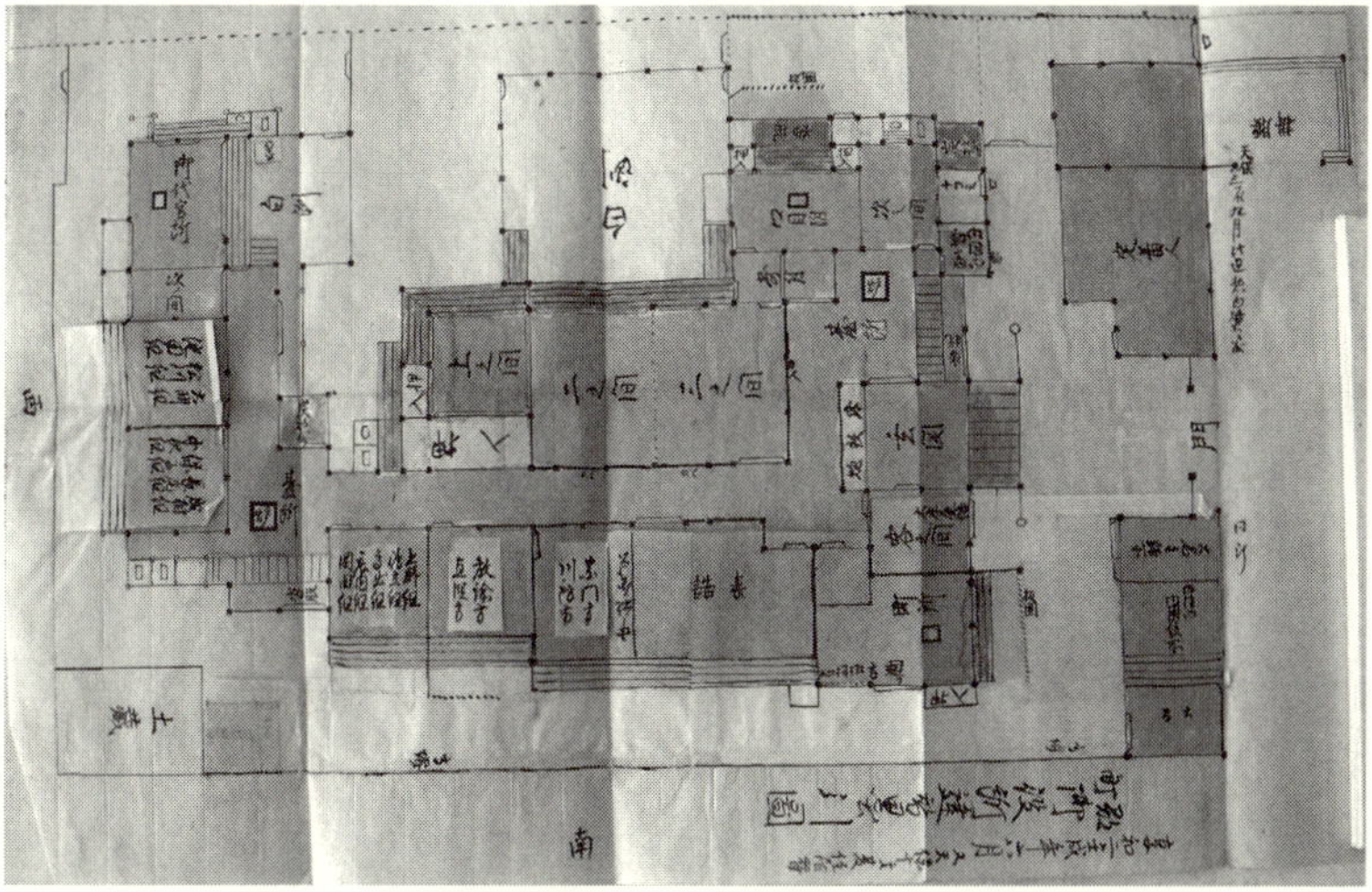

松本藩役所絵図（松本市文書館河辺家文書）

ったがこれからは弓馬・鎗剣・経学・軍学は一通り嗜《たしな》む（習得する）ことを義務とし、余暇には実用第一に心掛けることと命じている。また御役所の勤務については、五つ時（八時）出仕し、九つ時（正午）仕舞い。二の日と七の日は休日なども定めている。これも「取り縮め」の一策であった。

また、五カ年の御制法として、三四カ条の生活の切り詰めを命じている。

天保九年の十月には、郡役所の中を改めた。今までの庄内部屋四組・岡田部屋四組・池田部屋三組・大町部屋一組の四部屋を三部屋に減らし、上野・島立・高出・庄内・岡田組で一部屋、成相・長尾・保高・山家組で一組、大町・松川・池田組で一部屋の三部屋制とした。また値段方・教諭方・川防方・宗門方を並べ、大名主詰所もここに置いた。部屋数を減らしたことで役人数もかなり人減らしをしている（河辺文書「御役所建替墨引絵図」など）。

また城内にあった表勘定所を郡役所の隣に移して、郡役所にあった山方役所や通用所を併せ、それに御用蔵や摺屋なども一体として、表勘定所の二人の御奉行と吟味役三人のもとに二八人（うち四人の郡役所兼帯役）の役人を配置して、商業・流通関係の機能を集中した（「庚申帳」）。そしてここを諸商売などの鑑札の申請や発行の場所として、奨励や規制を加えたり運上金取り立ての仕事をした。

▼有君様の通行
公家鷹司政熙の娘、江戸幕府十三代将軍徳川家定の室。天保二年九月の通行。

領内村々の改革と囲穀蔵

天保九年（一八三八）七月二十六日には、領内の村々に向かって御改革の「仰せ出し」があった。財政不如意、近年打ち続く違作《いさく》★、御家中御減米、参勤の御供も省略、などとながながと弁明した上で、領内からの拝借金や御用金も年限中は返済できない旨を通告し、その代わり年貢は二分通り用捨★するとか、才覚金などは容易には課さないなどと約束している。そして同時に、百姓の風俗・衣類・婚礼・吉凶・葬礼・祭礼・家作・難渋策などなどと一五項目にわたって厳しく倹約を触れ渡している。

この倹約令は、いつもとは違って厳しいものであった。天保十年、米の販売は安くするようにと指示が出されていたが、それを破った上野組や長尾組などの大庄屋四人・庄屋六人・その他五人の者は、その役を取り上げられたり、組村追放の処分をうけている。天保十四年には、長尾組の田多井村庄屋や二木村庄屋は、婚礼の式で、倹約令で停止されている衣服を「美々しく用い」たとして、藩役所の呼び出しをうけて罷免されている。村功労者の庄屋であったが、むしろそれ故に庄屋役は「百姓の範」として許されなかった。

藩役所教諭方の、村々回村による条文の読み聞かせや、教諭の活動も活発に行

▼違作
凶作。

▼二分通り用捨
年貢の二割免除。

われた。また、村入用（夫銭）の諸勘定に不正がないように吟味する仕事もやっている。そのために藩統一の「夫銭帳《ぶせん》★」を作らせ提出を義務づけている。

天保十年には、通用金制度を改めて五カ年賦を十カ年賦にしたり、利息を八分に統一した。また村の店商いや往還筋店商いの、商品種目の限定をしている。

殖産活動としては綿作があげられる。桑・藍に続いて綿作の移植である。天保十一年、綿作の拡大をはかるため綿種八石を試作し、翌年二月には綿種一カ村に四斗当たりを配布。十三年には組数名の綿作世話役を置いて、希望者を募り「綿作仕法書」を配布している。

天保十一年（一八四〇）には、囲穀蔵の機能を拡大して領内三カ所、池田町南・新田町南・出川町南に村方一二組を三つに分けて大型の囲穀蔵を建てた。各組から世話役を選んで、運営にあたらせた。蔵の建設は二月頃から始まり、村々の人足によって六月には棟上げとなっている。

天保十三年（一八四二）には、物価統制の触れを次々とだしている。このことを、松本町本町の高美甚左衛門は「商売向き、何にても下値に売り候よういちいち箇条書きように書き付け組々へ仰せ渡し」た、と日記に書いている。

そして七月には、その集大成として「諸色値段下げに相成候留書」が作成され、あらゆる職人の作料、あらゆる商品の値段下げが公定された。天保十四年には、家作の改修についても実に細かい指示をだしている。

▼「夫銭帳」
村入用費の勘定帳。

例えば村の店商いの場合は、次のとおりである。
○規定品（一品たりとも商札を要す）…作道具・粗菓子・菓子飴・塩・みそ・溜まり・たばこ・ろうそく・元結・粗紙・白木・作物・焼酎・粗綿・粉類・酒のはかり売り（盆・暮れ・祭礼時限）・その地産物（手作り・手製の軽き品）
○無札にて商える品（二品になれば商札を要す）…香具師・藁細工・あめ・つけ木・菓子類・豆腐・こんにゃく・酢・針・ろう・線香

偽金事件と取締役

藩は、天保十三年(一八四二)の十二月、領内取締役を新設した。各組内にも三名の元庄屋の者を取締役に任命している。理由は、倹約令をはじめ諸改革の藩令を徹底させるためとされているが、直接的には、この年の七月公儀から偽金について連絡のあった、領内偽金鋳造の取り締まりのためであろうとされている。

そして翌十四年の春、松本領内で偽金作りが発覚した。江戸での遣い捌《さば》きから足がついたらしく、七日市場村一人、寺所村二人、岩岡村一人、大野田村一人、新村一人、上堀金村一人、岩岡村次郎蔵家内入りの鍛冶屋一人、計八人の者が、江戸からの捕手によって召し捕られて江戸に護送された。厳しい拷問によってか九月までの取り調べで多くの者が牢死している。新村で借家住まいをしていた医者一人は、まだ生きていたので閏九月十一日磔の御仕置きとなった。

この偽金作りが、領内の出来事であったことを、殿様は「御無念」として幕府にお伺いを立て、十月朔日まで「御差控え(自宅引き籠り)」の謹慎となった。この差控え中は、領内でも御奉行はじめ藩の御役人らは責任を感じて謹慎をし、領内の町や村でもこれに合わせて差控えをしている。

しかし、取り調べはまだ続いていた。上堀金村の弥五兵衛と鍛冶屋の十吉の話では、彼らは同腹して偽金百文銭を三〇〇枚ほどこしらえたという。弥五兵衛は牢死し、十吉は嘉永二年(一八四九)の十一月二十五日、三町引き廻しの上出川原で磔となった。この時の見物人は博労町から出川辺りまで行列になったという。その後数日間さらしものとなった。六二歳であった。

この偽金作りの発覚もあってか、殿様は、弘化二年(一八四五)治世わずか九年で隠居した。

城山公園のはじまり

天保十四年(一八四三)、松本藩預所、塩尻組の街道筋の村々は、往還並木の立枯れ木や枯れ失いの木、間遠《まどお》のところに松・杉・欅《けやき》など四、五尺の苗木を植え込むように指示され、翌年見分の後、「並木永続の儀肝要に相心得る」旨請書を出している(川上善図家文書)。

同じ年、触発された松本藩戸田光庸《みつつね》も、縄手通りと放光寺山城山に松や桜や楓を植えて慰みのところとするよう指示を出し、十五年に植栽が行われた。

野沢村の与一右衛門は、このことを「女鳥羽川北、御堀との間の縄手にこれまで一本もなかったところに天保十五年の二月に二間に一本の割合で松の木が植えられた。また放光寺山城山にも桜の

錦絵に見る縄手通り
(「明治十三年天皇巡幸松本御通図」による)
(松本市立博物館蔵)

木など一本もなかったが、ここにも桜の木が植えられ、三月になって花のさくころ、半（奇数）の日は御家中の者、丁（偶数）の日は町・在の者たちが見物に来るようにと仰せ出された」（「公私年々雑事記」）

と、書いている。縄手通りの松の並木は、明治初年頃の錦絵にも松の木陰で憩う人々の姿が描かれ、その快い雰囲気をかいまみることができる。

早くも弘化四年（一八四七）の春、芭蕉の句碑の筆跡で有名な花の木梅室が、城山に芭蕉の句碑を建立している。

花さかり山は日ごろの朝ぼらけ

嘉永三年（一八五〇）には、香川景恒が、城山の由緒書きを建碑している。これによれば、

武士・民の慰みにとこの地に桜や楓を植えて開放された。もう枝も生い茂り春は白雲のように花が咲き、秋の紅葉した山は趣深く人の心を慰めてくれる、などとある。この城山は、明治八年（一八七五）、松本に設置された最初の公園となった。

城山公園の芭蕉の句碑

城山公園開放の碑

これも松本

お国自慢

ここにもいた松本人②

近世・近代日本を彩る松本出身者たち

反骨の宗教人
佐《さ》々《さ》木《き》了《りょう》綱《こう》（一八一二〜一九〇一）

松本正行寺大二十二世の住職。一一歳で疱瘡を患い右眼を失う。文政五年得度して法職を継ぐ。江戸をはじめ各地の故旧をたずねて浄財を集め、檀家の協力を得て、享保十三年焼失の本堂諸堂の再建を、天保十三年に起工し安政五年に竣工した。そのかたわら京の高倉寮や大徳寺で修業し、和歌や万葉集の研鑽に努め、時に常総・両毛地方を巡遊した。明治三年政府の神道国教化の方針が出されると、松本には寺院を破却する廃仏毀釈の運動が荒れ狂った。了綱は密かに上京して本山出張所の浅草管刹に訴えると共に、参議の岩下万平から、それは明治政府の真意ではなく松本藩の独断によることを知り、帰国するや同宗寺院と連携して廃寺とたたかった。「神仏分離の朝令はきくも廃仏令の出でしを聞かず」と、一七回の召喚にもめげず、帰農廃寺に応じなかった。松本藩内の真宗寺院二三カ寺は廃寺をまぬがれた。

江戸幕府の御典医
浅《あさ》田《だ》宗《そう》伯《はく》（一八一五〜一八九四）

浅田宗伯は、文化十二年五月松本市島立の北栗林に生まれる。祖父・父共に儒学や医術に通じ、幼いときから家学を学ぶ。天保三年京に上り医学や儒学を学び、頼山陽に史学を学んだ。天保六年一時帰郷するも医学を志して江戸に出て漢方医を開業する。「脈法私言」「難病辨要」などを著して病理治法合一をとなえ門人が増加したという。宗伯の名が知られるようになると、安政五年には幕府の御典医となった。慶応元年、フランス公使レオセンスの腰背疼痛症を診断して直し、フランスの新聞は「日本に名医あり」と激賞したという。翌年幕府大奥の典医に迎えられ、和宮や天璋院夫人の薬湯にあたった。この縁で、両人の親書を持って幕府征討将軍有栖川宮熾仁親王に謁して江戸鎮撫を請い、西郷隆盛とも面談して江戸城無血開城の陰の功労者となった。明治四年職を辞して隠居。著書九十余冊、浅田飴の創始者。

ガラ紡機の発明者
臥《が》雲《うん》辰《たっ》致《ち》（一八四二〜一九〇〇）

現安曇野市の田多井に生まれ、幼名を栄弥という。家業の足袋底織を手伝い、村々へ綿を配ったり、紡いだ糸を集めたりしているうち、紡ぎ器に興味を抱き、もっと能率のよい方法はないかと一四歳の時小さな器械を作った。栄弥はその後、岩原村の安楽寺に弟子入りし、末寺の臥雲山孤峰院の住職となったが、明治三年の廃仏毀釈によって還俗し臥雲辰致と名乗った。以後紡機の発明に精進し、明治六年、かねての紡機に改良を加え足袋底に使う太糸用の器機を発明した。臥雲式と呼ばれ、後に「ガラ紡」と命名された。明治九年には機織機械も考案した。筑摩県庁の紹介で、松本開産社は連綿社を設けてこの紡機織機の製造に着手した。この臥雲式の器械は、たちまち全国に普及し、明治十年の第一回国内勧業博覧会では最高の栄誉である鳳紋賞牌を受けた。我が国綿業史上の偉業に残るものであった。

第五章 松本藩の幕末・維新

迷い続けた藩政であった。出遅れて失った文化財は大きかった。

①ペリーの来航と松本の人々

ペリー来航の衝撃は、日本の津々浦々に広がった。外国文物への関心は大変なものであった。あるものは文章につづり、あるものは絵であらわした。一方、村々には海上防御のために大量の人馬が要請されてきた。

ペリーの来航のニュース

「泰平の眠りをさます」といった事態は、実は、アメリカより先に、嘉永二年（一八四九）、イギリス船が江戸湾に入り下田に入港している。幕府は諸大名に港の防備を命じ、松本藩にも内々に「固め」の要請があり準備に入った。十月、家中の者に武器の用意を命じ、町や在方に対しては銅や真鍮のある者は差し出すよう指示している。また江戸藩邸に向けて「鉛三〇〇〇貫、煙硝、火縄、米」などを送り出している（「庚申帳」「公私年々雑事記」）。

そして、いよいよ嘉永六年六月三日、アメリカ東インド艦隊司令長官ペリーが、二艘の蒸気船とそれに曳かれた二艘の帆船を率いて相模湾の浦賀沖にやってきた。江戸から遠くはなれた信州の松本にも、そのニュースは直ちにやってきた。この時、用水訴訟のために江戸に出向いていた人たちがいた。この中のひとりに神

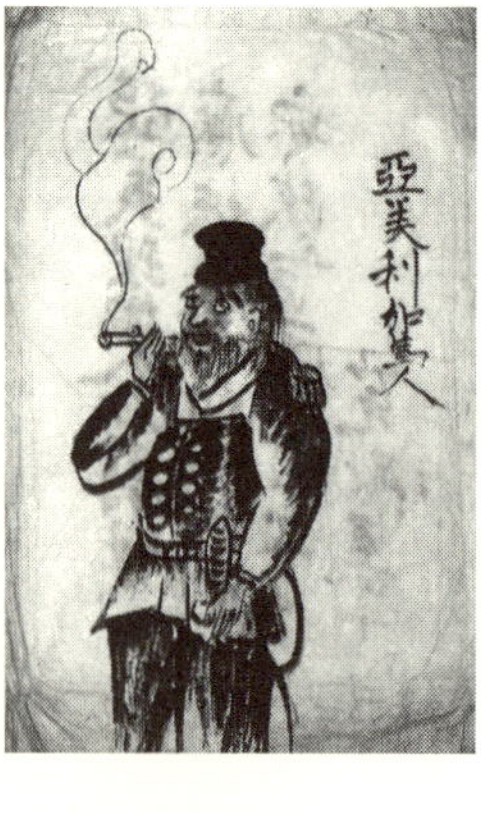

アメリカ人の似顔絵

戸村の年寄役丸山藤三郎がいた。彼は同じ村の親戚先の丸山角之丞に、黒船来航の様子を細かく記した書状を送っている。

角之丞は、このような情報を集めて「異国北亜墨利加日本浦賀へ乗込み江戸表の次第聞書」と題して書物に綴じ込んでいる。異国への関心を高めた角之丞は、これ以来方々にその知識を求めて「安政元年異国船渡来につき御固の事等書留」とか「安政三年五月亜美理加人物諸具応接場にて見取写」などと一〇冊をまとめている。

また城下町の人々も、六月十二日には、飛脚からそのニュースをいち早く聞いて日記などに書いている。

松本町人が知った黒船の情報

松本町人が記した「庚申帳」には、ペリーが浦賀を発つ十二日までの様子を、かなり細かいところまで正確に書いている。長い文章である。

「当六月三日、未の中刻（午後二時頃）北アメリカ州合衆国船四艘が相州浦賀沖へ入津（入港）した。内二艘は蒸気船と申す船で、長さ五〇間（九〇メートル）あまり、車仕掛けの船で、なかは石炭を焚いて湯を沸かし、その蒸気で車が廻りだす。その早きこと、一日に千里あまりも馳せるという。ほかの二艘は帆船

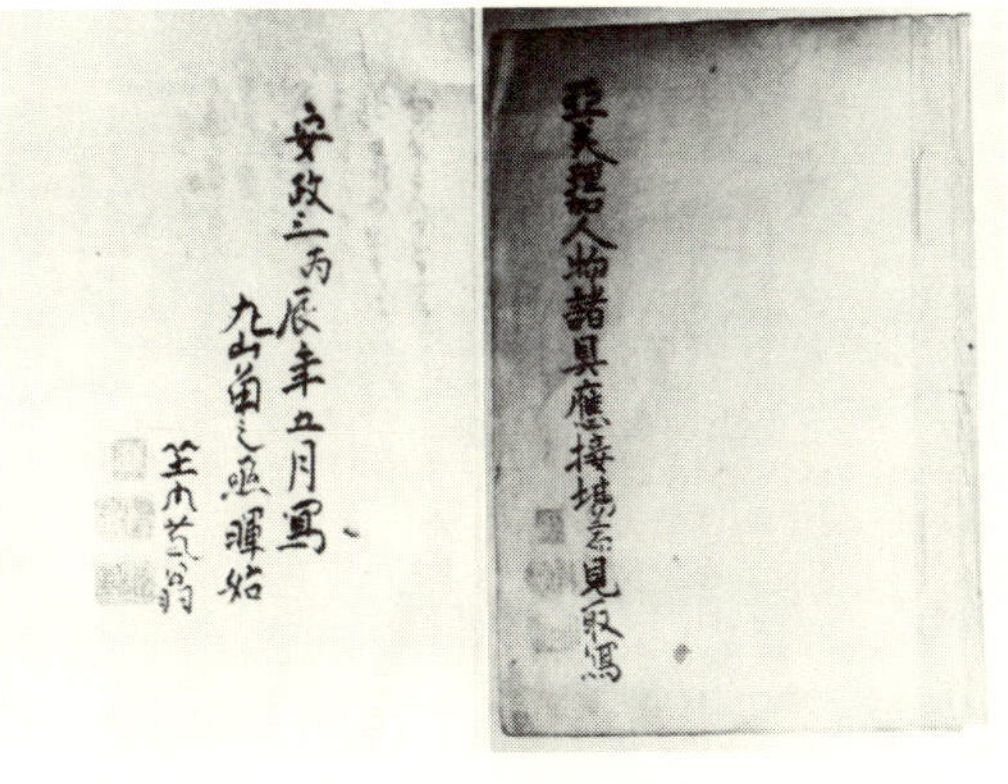

アメリカ人や諸道具類を模写した帳面
（松本市文書館丸山家文書）

という船で、彼の地の軍艦である。これは三〇間（五四メートル）余りの船で、ブリキという鉄で包み、一艘は黒く、一艘は白く白壁の土蔵（白帆のことか）が海の中にあるように見える。これら四艘で人数はおよそ四〇〇〇人余りも乗り込んでいるという。大筒（大砲）は軍艦の方に三六挺ぐらいずつ二艘ともにある（幕府浦賀奉行の報告書には、「アメリカ軍艦二艘は鉄張の蒸気船で、大砲は三、四〇門と一二門、他の二艘は大砲二〇門あまり」とある。また人数は五〇〇〇人と見積もっている）。合衆国の都ワシントンからの国主ヒルモレイシルウル（フィルモア）の書翰（国書）二通と献上物数品を持参してきた。軍艦の惣大将は、提督ペリーという人である。この人は口上書とともに三通差し出した。アメリカの一都府カリホルニアというところから、日本まで凡そ五〇〇〇里余りの由、十八日で日本に参るという。右の書翰は、来年三月に受取に参ると申して、十二日申の中刻（午後四時頃）浦賀より南を指して引き取った。その後、大坂の商人舟が、四国の沖で四艘を見かけたという。前代未聞のこと。この末追々とあい記しおいた」

などとある。こうしてみると情報も確かだし、異国の軍備や技術力に驚嘆し、異国への好奇心は非常に高いものがあった。

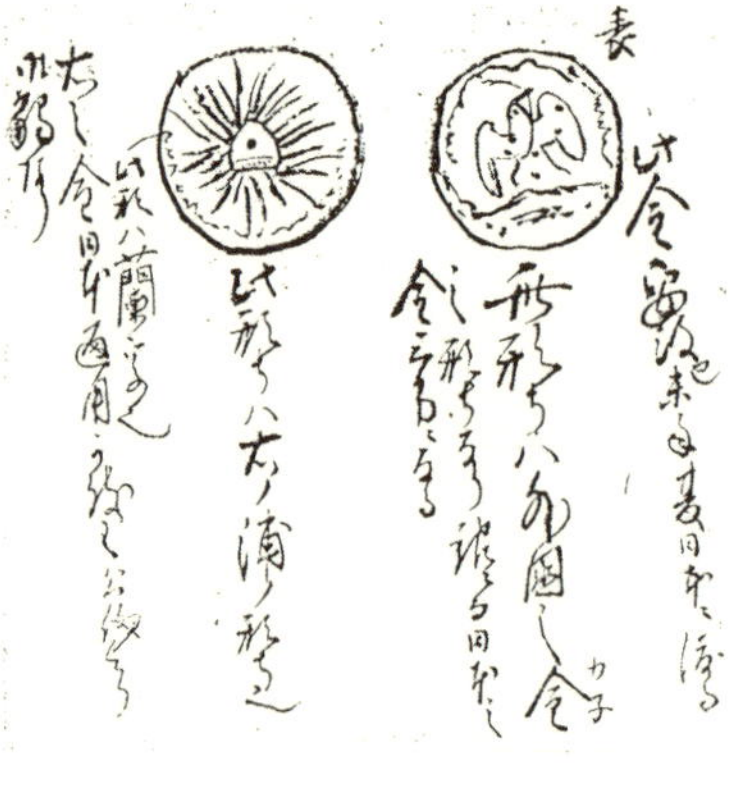

外国貨幣を紹介した絵
（松本市文書館小林家文書）

松本藩の海上防備御固め——相撲取りの動員

翌嘉永七年（一八五四）三月、ペリーは再び渡来するはずであったから、幕府によって海上防御の体制が敷かれた。与一右衛門の日記「公私年々雑事記」はこの模様を次のように綴っている。

「江戸表は申すに及ばず、日本国中大小名を始め下々までの騒ぎ言語道断なり。直ちに合戦あるように風評が流れた。御固めは江戸は申すまでもなく、武州・相州・豆州・下総・上総・房州まで厳重に固められ、合戦の用意もっぱらであった。公儀からは、諸国神社仏閣への御祈禱を指示され、松本藩でも組々にて祈禱し、伊勢・金比羅へも代参を立てた。当組でも大庄屋の家に村役人が集まり評議を始めた」（「公私年々雑事記」）

この大庄屋宅の評議は、十二月二十日、藩が大庄屋を集めて海上防御のための人馬の確保を命じたことから始まった。

総人数二四〇〇人、小荷駄馬八〇〇疋のほかに馬一〇〇疋、口取り一〇〇人、長柄（槍）持ちの郷夫一五〇人の確保であった。大庄屋らは困惑し領内の総人口をお役所から教えてもらい、この人数をもとに組々村々の配分を決めた。この費用を見積もると、人役一人に七両、馬一疋につき一〇両の計算で三万七七三〇両

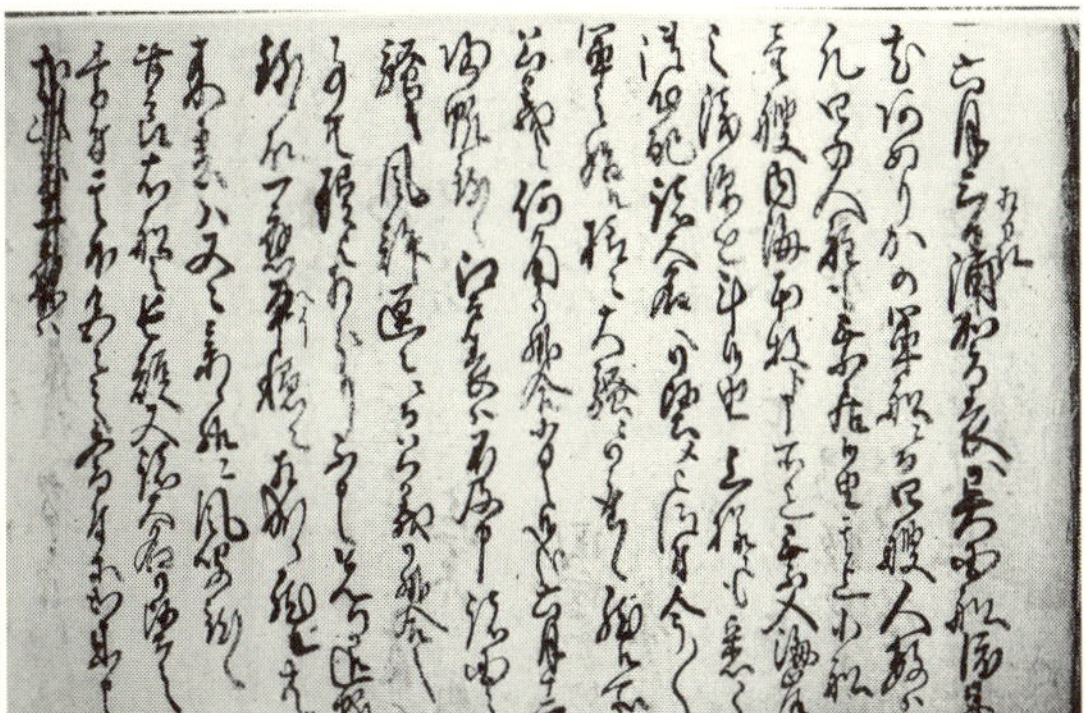

「公私年々雑事記」ペリー渡来のニュース

となった。槍持ちについては屈強の者をだすように命じられたが、応じられないと断ると、相撲取りたちでもよいと返答があった。

十二月二十八日には、「一ノ先」（先陣）として軍用の人夫三〇〇人と槍持ち二〇人を来春早々にだすように指示があった。

年が明けて嘉永七年（一八五四）正月二日、大庄屋一同が集まって、人馬確保について規定を定めた。人役はくじ引きとする。馬は馬持ちがだす。給金は藩から出される。二〇歳から五〇歳までの男がくじで決めることなど一六カ条に及んだ。

松川組では、くじ引きにあたって「この度は一命もおぼつかないと心得、くじに当たらないように家内のものは神々に信心し、村々によっては増金を要求し、当たりくじの家ではもはや落命したかのように嘆き、給金七両のほかに増金を頼むものが多くいたという」。大庄屋先陣の二人は、「小前同様にくじ引きでは、後年までも外聞宜しくない」として、くじなしで筑摩郡では金井源左衛門、安曇郡では清水勘左衛門が決まった（『松本市史』）。

松本の出立は、予定がはやまって正月十七日から二十三日にかけて分散して出府した。松本藩では、相撲取り仲間がたくさん参加したという（「公私年々雑事記」）。

この相撲取りの動員は、幕府からの要請があったもので、日本人もこれだけ体格がいいのだということを誇示したいためのようであった。『日本遠征記』は、この様子を、「諸大名たちは、海岸の船積みに便利な場所に米俵を動かさせ

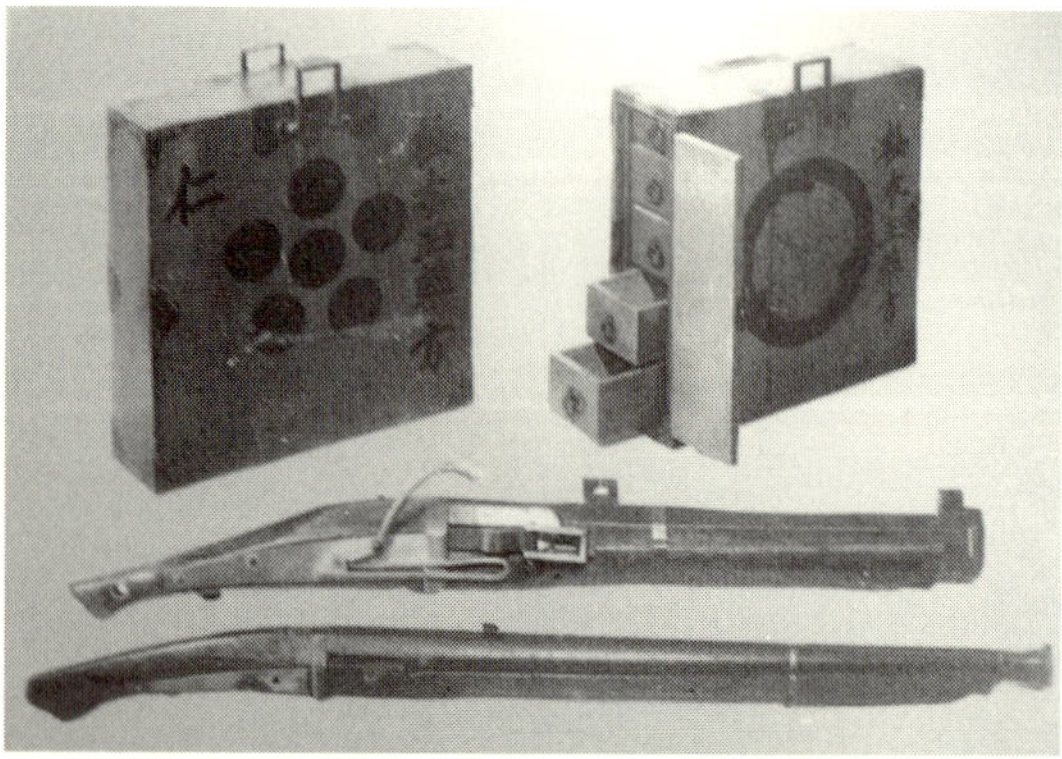

天守備えの鉄砲・弾薬箱（松本市立博物館蔵）

た。俵一俵は二五ポンド（五七キロ）を下らぬ重さだった。一時に二俵を運ばなかった力士はわずか二人だけだった。かれらは俵を右肩に担ったが、初めの一俵は地面から持ち上げて、手伝いもなしに肩にのせ、二番目の俵を持ち上げるのに手伝ってもらった。ある者は一俵を歯でぶら下げて運び、他の者は一俵を腕に抱え、そのやすやすたること」などと伝えている。

外国文物への関心と模写絵

嘉永七年（一八五四）正月十一日には、七艘からなるアメリカ艦隊があらわれた。二月十日から交渉が始まり、三月三日日米和親条約が調印された。「公私年々雑事記」によると、「当村の郷夫（人足）嘉兵衛も三月下旬には帰国して一統安堵し、上下一同喜悦いたした」とそのよろこびを書いている。また交渉の間に贈物の授受があったとして、米二〇〇俵・鶏五〇〇羽・鶉《うずら》三〇〇羽、そのほか器物・織物・野菜都合二〇品目を贈ったことも書いている。

アメリカ側からの贈呈品には、電信機や汽車の模型などがあり、非常に興味を引いたようである。汽車の模型は、実物の三分の一ぐらいの小さなものであったが、幕府の役人たちが客車の屋根に乗り、面白さとこわさで屋根にしがみついている有り様ははなはだ滑稽だったと、アメリカ側は記録しているという。

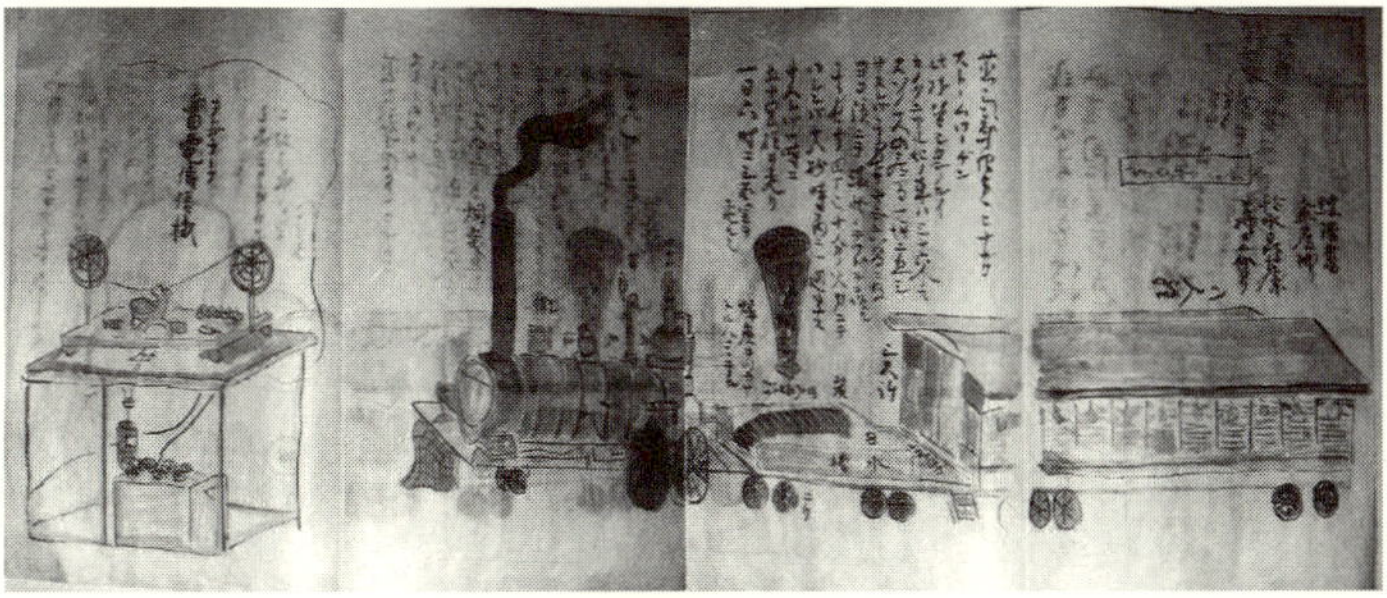

「アメリカから贈られた汽車や電信機の模型」の絵

ペリーの来航と松本の人々

神戸村の角之丞は、このような珍しい電信機や蒸気機関車・外国人・持ち物などの絵師たちの絵を模写している。ペリー提督や副使のアダムスの似顔絵は滑稽混じりの筆遣いで文選《もんぜん》★の絵を写し取っている。

▼文選
松本市文書館蔵の丸山家文書の模写絵には、アメリカ使節ペリーとアダムス像の間に「文選写」と書いている。この絵は実写ではなく模写であるが、この文選ものについて不明である。

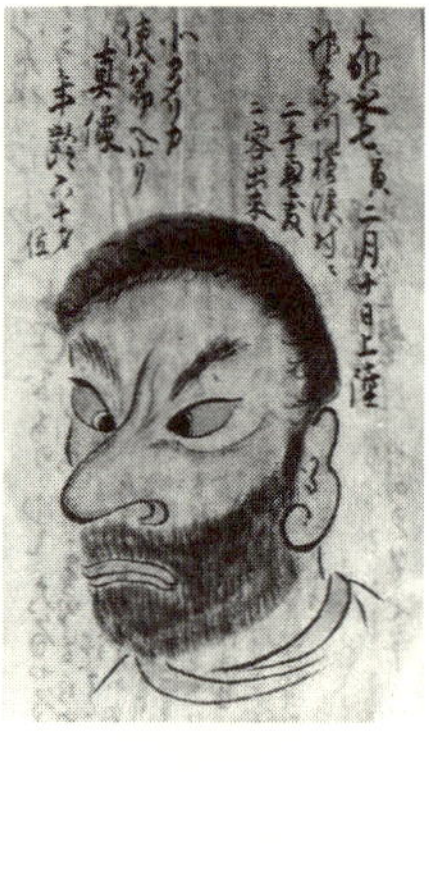
使節ペリーの似顔絵

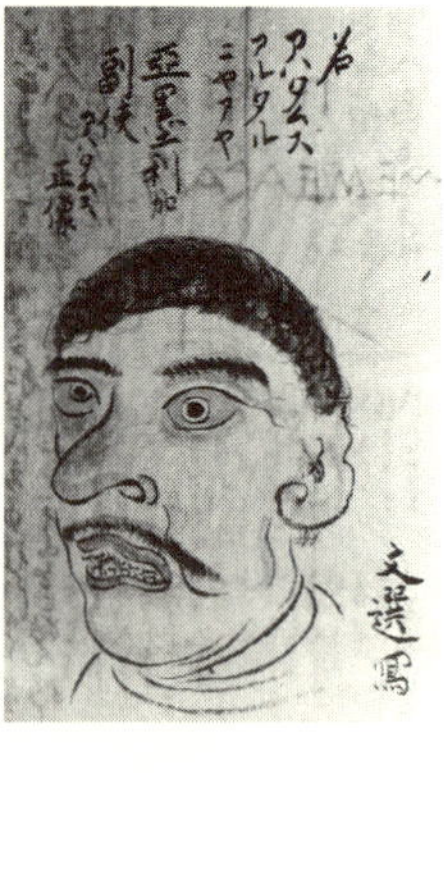
アメリカ人副使節の似顔絵

②

戸田光則安政の改革

光庸の跡を継いだ光則は、光庸の次男である。弘化二年（一八四五）十月、幕府から光庸の家督を賜り丹波守に任ぜられる。安政二年（一八五五）家中の軍政改革を行う。明治二年（一八六九）二月朝廷の命に従い版籍を奉還。同年六月十九日松本知藩事となる。ついで松本藩知事となった。明治四年廃藩置県までの二十六年間は、実に多事多難の時代であった。

松本藩の財政と軍制改革

安政二年（一八五五）、戸田光則《みつひさ》は、改革の実施にあたって、五カ年平均の財政勘定を算出している。その概算は、収入四万五八八〇両、支出総額五万八八九五両、差し引き一万三〇一五両の不足。借財高は収入の倍額九万〇六八七両に及んでいることがわかった。

安政二年の十二月、家老の野々山内匠《たくみ》は、ここ五年間の財政平均勘定に基づいて、藩主光則の「直書」の内容を家中に言い渡した。

「近年臨時の入用金が続いた。ことに海防と当地の天災によって莫大の入用費が増して財政極難に陥った。外夷によっていよいよ武備専用の時節を迎え、万端御勝手取り直しのため、やむを得ず減知の実施となった。殿様は、実に気の毒千万と御心痛遊ばされ候えども、武備専要に心掛け質直の士風で忠勤励むようにと

戸田光則肖像
（松本城管理事務所蔵）

仰せられた」

この家老の話の後、司役から、借財が多く家中の撫育もままならないとき、異国船渡来や稀なる大地震で臨時物入りがかさみ御勝手当惑につきとして、諸改革の推進を打ち出した。

その一つは倹約令である。当面の倹約令として八カ条、別紙六カ条、殿様自身の倹約一八カ条、そして通常の減知を提示している。

しかし大きな改革点は、直書の「武備専要」の軍務規定である。誰もが文武の稽古所に出席することを義務づけて、たとえ日勤の役人であっても、五〇歳以上の者も嗜む（励む）こととして、次のように命じた。

○一七歳以上の者は、弓・鎗剣・砲術何であっても、臨戦体勢で励むこと。
○諸士の倅といえどもこれまでのような登用はしない。二・三男であっても文武格別出精の者は登用する。中小姓以下も同じ。
○諸士は、崇教館に月々三度、武芸所には六度は必ず出席すること。
○中小姓以下は、武芸所・西洋砲術あわせ六度は必ず出席すること。
○これまでは剣術といえども二・三流ぐらいの嗜みでよいとしてきたが、これからは一七歳以下の者でも一流を心掛けること。
○公儀も用いているように、なるたけ西洋砲術を専修すること。
○文武の精無精は、必ず賞罰を加える。

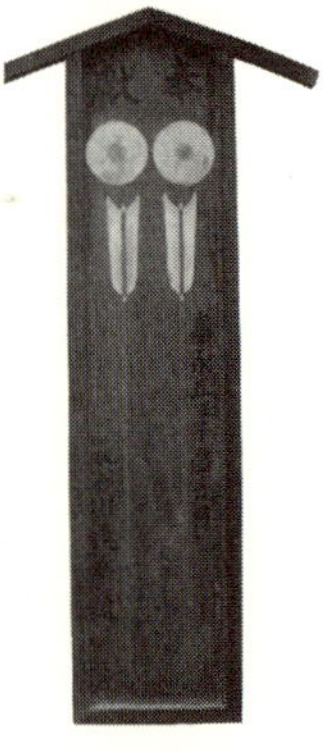

嘉永五年
弓道上達を記念して奉納した絵馬
（筑摩神社蔵）

安政六年四五〇石取り林久親奉納の絵馬
（牛伏寺蔵）

この武術必修の定めは、松本藩にとっては軍制改革であった。まさに泰平の世に馴れ安穏に暮らす武家たちにとっては、この異国船の渡来は、あらためて武士の本領が試されるときであった(塩尻市青木家文書「安政二年松平丹波守家中へ諭達」)。

松本藩の西洋火術はこの時が出発点であった。安政三年、吉江右衛門太郎が西洋火術の師範として崇教館教育の中に取り入れた。また、大島流の師範黒田十兵衛は、藩命をうけて西洋火術修業のため、佐久間象山も入っていた浦賀奉行の江川太郎左衛門の門に入り、さらにオランダの士官ファン・トロイエンからも砲術を学んでいる。しかし、ここに至っても家中ではまだまだ蔑視する者が多く、彼らが帰藩してようやく西洋火術のお家流が誕生した。とはいっても諸士たる者は学問・武芸ともに真剣に学べといった程度にすぎず、お家流も家塾の範囲にとどまり、藩としての統率のとれた教練にはならなかった。

中小姓以下の武士に崇教館の規定が入っていないのは、身分制限のため入学できなかったからである。ここに至ってもまだ人材登用の門は開かれなかった。一七歳の時、藩主から命ぜられて江戸に学び、長岡藩の河井継之助とも親交を結び、佐久間象山の薫陶を受けた有能な小松彰なども用いられることはなかった。彼らは維新後、他藩・他県に転ずるか、医学など実学の分野でその能力を発揮していった。

嘉永六年
砲術大島流門人奉納の棒火箭の絵馬
(筑摩神社蔵)

安政の民政改革

民政改革のほうは安政四年(一八五七)から始まっている。この様子は、「公私年々雑事記」にくわしい。

与一右衛門は、この改革について、古例にない新法を多くだして、御役所向きも勤め方も大きく変わり、諸事細かく手入れがあったと書いている。

まず機構改革として、郡役所の中に町所と表勘定所を取り込み、郡役所の中にあった組部屋も、嘉永四年(一八五一)に三部屋から四部屋に戻ったが、今度は二部屋に統合された。これに伴って役人数も大きく減ったという。また村々に行く出役の役人数も減らし、同時に村でする賄料も朝昼は一人一匁、夕三匁と規定し、村方での過剰なお膳立てを厳しく抑えた。

村政では、特に夫銭の扱いに集中している。村の会計帳簿である夫銭帳には、詳細にその使途を記録させた。夫銭勘定にあたっては、二、三人の小前《こまえ》★惣代を人選させて立会人とし、小前らからの疑惑が生じないようにしたという。

▼小前　小百姓。

外国人の江戸の風聞

ペリー来航以来、江戸はにわかに騒がしくなった。安政五年(一八五八)、野沢村の庄屋与一右衛門は、日記の中に江戸からの風聞を書き留めている。次は、当時の松本人が得ていた江戸の情報である。

「亜墨利加《あめりか》人が、嘉永六年始めて参り候以来、絶え間なく豆州の下田、または江戸へ着船いたし、交易の願いいたし候よし、当春ごろより江戸町中を徘徊《はいかい》の儀いたし、自由に横行いたし、中には町人に向かい乱暴の儀いたし、諸大名に対しても式礼もいたさず、はなはだ無礼のことどもこれあり候えども、いっこうにこれらの取り締まりもこれなき段、日本の武威薄きゆえ、かようの軽蔑いたされ候ように風聞いたし候」などとある。

このような風聞のほか、江戸の政治模様なども、松本の田舎にも筒抜けのように情報が入ってきた。外国人の自由で乱暴な振る舞いに対して、日本の武威が衰え軽蔑されているなどといった様子が伝えられると、人心は勢い攘夷に傾いていく。

内命をうけた近藤茂左衛門と山本貞一郎

京都では、攘夷思想の孝明天皇は、幕府の条約調印の奉書を見て激怒し、安政五年(一八五八)八月八日、条約締結不満の勅諚《ちょくじょう》(密勅)を水戸藩にくだした。

実はこの勅諚（勅書）降下には、松本出身の近藤茂左衛門と山本貞一郎の兄弟が深くかかわっていた。

近藤兄弟は、松本町本町の大名主近藤家の長男・次男として生まれた。近藤家は飛脚問屋を家業とし、ほかにも酒屋や薬店を営んでいた。弟の貞一郎は、母の縁で伊奈郡山本村の旗本の家に養子として入ったが、のち江戸に出て山本貞一郎を志士名として名のった。

近藤兄弟は、歌道や国学を学び、家業が飛脚業だったため江戸や京都の情報に接し、交流も深めていった。近藤家は水戸藩邸の麻苧《あさお》★の御用達を務めていたことから、水戸藩の志士や藩主斉昭との交流が生まれ、次第に政治の世界に入っていった。

貞一郎は兄の茂左衛門と相談して、水戸の徳川斉昭《なりあき》に面会し、勅書の降下と独断専横の大老井伊直弼罷免を建言した。斉昭の内命をうけた兄弟は、京都に行き既知の仲間とともに、正親町《おおぎまち》三条家を訪れたり、公家の家に出入りする志士たちと交わり、公家たちを動かして、八月八日水戸藩へ攘夷の密勅が降下された。

これを知った井伊直弼は激怒し、朝廷が直接藩へ命令を伝えることは先例がないとして勅書の返還を命令し、関係した志士の弾圧に乗りだした。幕府方の探索は厳しく、貞一郎には密偵の目明しがつけられて危険が迫ったため、安政五年の八月二十九日後事を兄に託して自殺した。兄茂左衛門は弟の後始末をし書類など

山本貞一郎の書
（『塩尻市誌』より）

▼麻苧
麻から取った糸。麻糸。

焼却したあと、九月五日大津宿で逮捕された。

このことがきっかけとなって九月七日、梅田雲浜《うめだうんぴん》が逮捕されると、多くの志士たちが逮捕され、翌安政六年八月と十月、三回に分けて志士たちの処分が行われた。それと共に徳川斉昭をはじめ有力な藩主たちの蟄居や隠居の処分、橋本左内・吉田松陰らの死罪をはじめ、多くの人たちが遠島や追放の処分をうけた。これが安政の大獄である。

近藤茂左衛門は、中追放★の処分をうけ、その後越後に渡り西頸城郡の山寺村で医業によって生活を維持した。松本の近藤家のほうは封印され、家財は没収された。二人の息子たちは居宅中につくられた牢に入れられた(『松本市史』)。

▼中追放
追放とは罪人を強制的にほかの土地に追い払う刑罰で、これにはいろいろな種類があった。中追放はその一つ。

伊藤軍兵衛の東禅寺事件

安政の大獄の翌年、万延元年(一八六〇)三月三日、大老の井伊直弼が桜田門外で暗殺された。これが桜田門外の変である。このニュースはたちまち全国に広まった。村役人の記録にもペリー来航の記録とともに多く書き残されている。

この事件後は、攘夷の高まりの中で、横浜や江戸において外国人殺傷事件が引き起こされた。

文久元年(一八六一)五月二十八日、一五〇人の日本人護衛に守られた品川のイギリス公使館東禅寺が襲撃される事件が起こった。水戸浪士一四人は、「自分たちは、神州が夷狄のために汚されるのを傍観できない。尊攘の大義に基づいて決心した」として、東禅寺に斬り込んだ。公使のオールコックは難をのがれたが、書記官のオリファントは重傷を負い、ピストルで応戦した長崎領事のモリソンも傷ついた。幕府は二人に賠償金一万ドルを支払った。これが第一回東禅寺事件であった。

事件後は、大垣・岸和田と松本の三藩が警固にあたった。この松本藩の警固兵の中に、徒士の伊藤軍兵衛がいた。軍兵衛は文久元年五月参勤にしたがって江戸に出てきていた。この時まだ二一歳であった。文武特に剣や槍・鉄砲の技量にすぐれていたので藩主から褒賞をうけて出仕したものであった。

軍兵衛は、日頃外国人を「毛唐」とよんでさげすんでいたが、婦人を伴って見物にでかけたり、警固用の火縄銃を幼稚なものとして侮辱するイギリス人に我慢ができなかった。警固のために経費がかかったり、同僚たちもまた帰郷できないことにもひどく同情していた。

こうしたとき、文久二年の五月、第一回東禅寺事件から一周年目にあたって再び襲撃が行われるという噂がとんだ。このとき警固役についた軍兵衛には、襲撃する者と戦うことなど考えられなかった。当の二十八日には何ごとも起こらなかったが、翌日二十九日、夜半の二時頃、軍兵衛は単身で刀と槍を持って東禅寺に忍び込んだ。しかしイギリス人兵士に発見されたため、一人を殺し、一人に傷を負わせ、自身もまた傷を負ったため宿舎に立ち戻った。同室の者三人にその一部始終を話し、累が殿様におよばないようにと、脱藩の書置き二通を認めて、翌日三十日に切腹した。

六月一日、藩主光則《みつひさ》は大目付にこの事件を届けでた。幕府は、軍兵衛の死骸を目付らに検死させ、要請によってイギリスの検閲をうけた。その後、町奉行所は軍兵衛の屍を小塚原の刑場に放置した。江戸の儒者大橋訥庵《とつあん》が、その放置された遺骸を改葬した。

事件処理にあたって、イギリス公使のオールコックは幕府の責任を追及し、一万ドルを要求したが、遭難兵士の遺族扶助料として三〇〇〇ドルの支払いに応じた。事件は軍兵衛の単独犯行であったが、松本藩主はその警固の職を解かれ、差控え（自宅謹慎）を命じられた。当日警固に当たっていた藩士にも処罰がくだった。押込《おしこ》め★が一一人、屹度叱《きっとしか》り★置くが一人であった。

皇女和宮の下向

独裁的な権力を持っていた井伊直弼が、桜田門外において暗殺されると、これによって幕府の専制的な支配権は事実上崩壊した。失墜した幕府の権威を回復す

▼**押込め、屹度叱り**　ともに刑罰の一つ。押込めは自宅謹慎。屹度叱りは、白洲に呼出して罪を叱った刑罰で、その中でも重いもの。

るために、朝廷と提携する公武合体をすすめる方策に変わった。

その具体策として急浮上したのが、時の孝明天皇の妹和宮と将軍家茂が結婚する降嫁策であった。老中の安藤信正は、有栖川宮《ありすがわのみや》熾仁《たるひと》親王との婚約を破棄させ、万延元年(一八六〇)にその決定を見た。

和宮は、結婚のため京都を出発して江戸に向かうにあたって中山道を通行した。この通行には、街道周辺の大名とその領民は大動員が課せられた。

文久元年(一八六一)十月二十日、和宮一行は京都を出立したが、その行列は、随員や護衛など、京方一万人、江戸方一万五〇〇〇人、通し雇いや駕籠人足を含めると総員三万人にも達した。江戸城に入ったのは十一月十六日であった。

信濃国の通行は十一月一日から九日まで、松本藩の警固は、本山宿から下諏訪宿間、十月二十九日から十一月九日までの十一日間であった。本山宿では、十一月二日から六日まで宿泊と継立てにおわれた。和宮を本陣に迎え入れたのは四日であった。翌五日は朝七時に出発している。

これをまかなう人足は、通常の大助郷をはるかに超え、安曇・水内はもちろん、遠く越後（賃金勤めの雇い人足）や甲州にも及んだ。この人足の総勢は、二万八五四二人、馬一〇〇〇疋に達した。

人足の動員は前々日・前日・当日・翌日と四日間に及んだ。その間人足たちは、宿間の村々で一日二合五勺の塩味付けの炊き出しの弁当をうけ、使用後は販売できるようにと薪材で作られた仮小屋に一坪当たり四人が割り当てられた。各自持参の薦などを土間にしいてやすみ、寒いときは暖房用に四坪宛に薪六駄ほど与えられた。馬小屋は少し大きく馬士分もふくめて一疋当たり六尺・四尺の仮小屋が与えられた。仕事の分担は一〇人組を作って割り当てられた。こうした苦役に万が一逃げる者がいたときには、過料の上にも過料が言い渡されていた。

松本藩では、その上九月には町・在合わせて七〇〇〇両の献金、十二月には急御用として三〇両、翌年三月にも六〇両の調達が課された。

③

揺れる松本藩の明治維新

松本藩は樋橋戦争に敗れた。長州征伐の出兵では後備えとして遊山気分から抜け出なかった。戊辰戦争では、最後まで佐幕か帰順かで揺れて出遅れた。こうしたことが結局は廃仏毀釈に結びついてしまった。

樋橋戦争で敗れた松本藩兵

元治元年（一八六四）十一月、松本藩は、下諏訪町の樋橋《とよはし》村で水戸浪士軍と戦って敗れた。

水戸藩では、下級武士の多い尊攘派の天狗党と藩校水戸弘道館を拠点とした保守派の諸生党とが激しく対立していた。元治元年の三月天狗党が筑波山に挙兵すると、藩内の各地で戦闘が続いた。敗れた天狗党は挙兵の意図を訴えようと京都に向かった。これが水戸浪士軍である。この総勢八〇〇人の総大将は家老であった武田耕雲斎である。

十一月十五日、水戸浪士軍は、高崎藩兵と下仁田で戦い勝利を収めると、信濃入りして、十七日佐久郡の平賀村に布陣した。幕府から、信濃諸藩に水戸浪士軍を賊徒として討てという浪士追討令がきていたが、近くの小諸・上田・岩村田・

奥殿藩などは、衝突をさけたために出兵せず、実際に対決したのは、松本藩と高島藩の二藩にすぎなかった。

松本藩は、急遽指揮中枢に武者奉行の西郷新兵衛をすえ、その補佐役に野々山四郎左衛門・都筑辰之助・小里新五兵衛があたり、一番手の稲村久兵衛組は佐久方面、二番手の林忠左衛門組は扉峠方面、三番手の西郷郡右衛門組は武石峠方面、四番手近藤三左衛門組は塩尻峠方面とそれぞれ分散し、一番手は直ちに出陣した。

稲村隊の軍勢は、士卒三二三人（諸士四七人、卒二七六人）、村から集めた軍夫をあわせても四〇〇人足らずであった（石川辰郎家文書では、軍夫一四九人と人足一〇一人とある）。軍夫は、槍持ち・馬印持ち・具足持ち・高張提灯持ち・薬（弾薬）持ちなどの仕事を担ったが、極めて危険な仕事であった。諸士一人に軍夫三人が標準であった。大将の稲村久兵衛には八人がついた。そのほかに荷物運搬などの通常の人足役がいた。この戦争での人足役は二五〇人ともあるが、実際はもっと多かったようである。岡田組からだけでも三七〇人に達している。

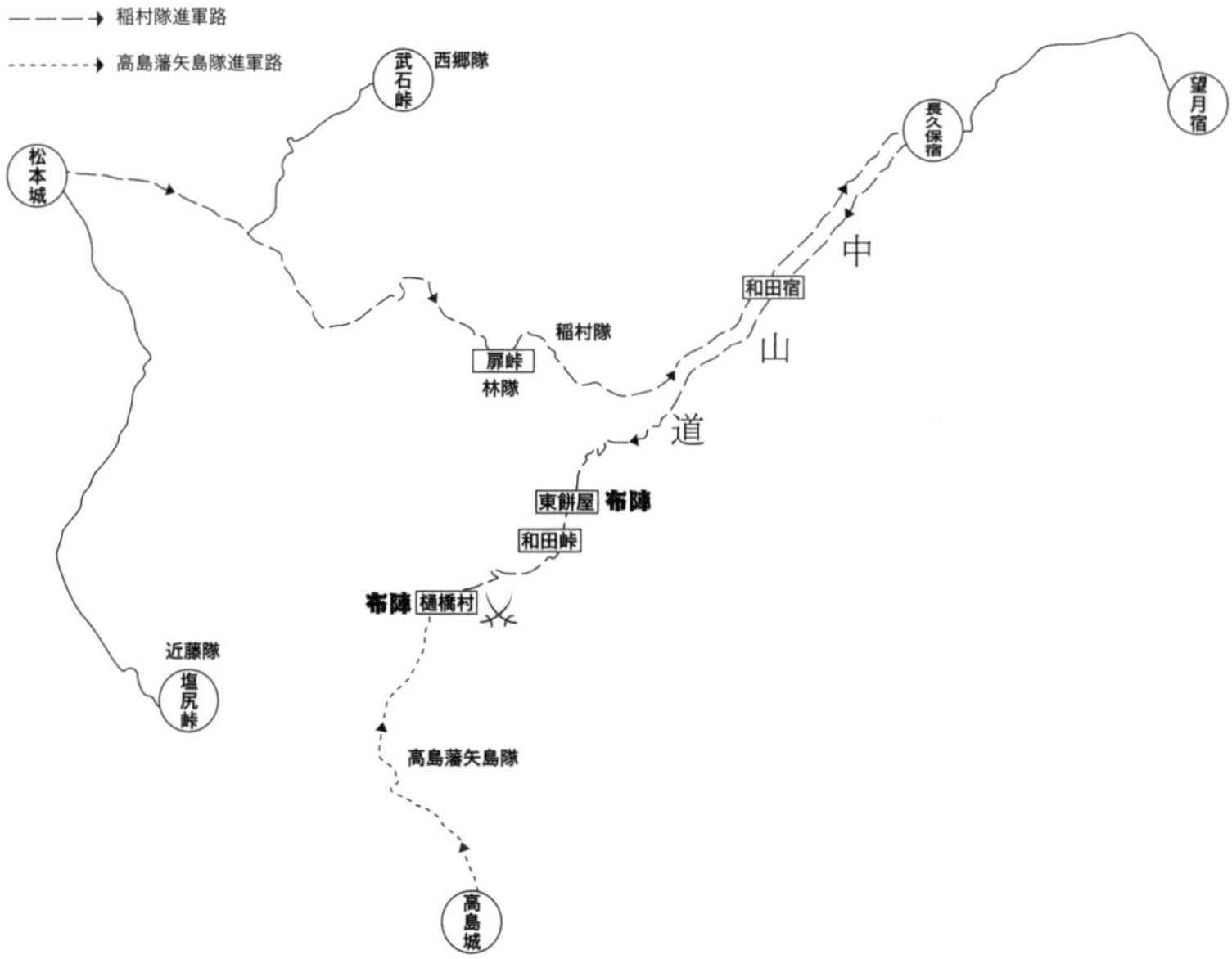

稲村隊と高島藩矢島隊の進軍路

十七日午前八時頃出発し、三城原から扉峠を越えて、十八日の午前二時頃和田宿についた。さらに長久保宿まで進んだとき、浪士軍が望月宿まできていることがわかり、平地の戦いは得策でないとして、和田峠の東餅屋に陣をはった。

高島藩は、議論が分かれて決断が遅れていたが、十九日になって、者頭の矢島伝右衛門を指揮官として約二〇〇人の軍勢がやってきた。高島藩の要請で合同で戦うことになり、和田峠をくだった樋橋村に布陣した。

二十日、午後三時過ぎに浪士軍が現れて戦闘に入った。激しい戦闘が二時間余り続いていたが、その頃浪士軍は山伝いに高島軍の背後にまわって山上からの攻撃を仕掛けてきた。これで高島軍は後退し、援軍を求められた松本勢もあいついで敗れ、樋橋村に火を放って敗走した。松本藩は、一番隊だけの小勢の戦闘で、所詮無理な戦いだったのである。しばらく山中に潜んでいた稲村隊が、扉峠を越えて松本に帰ったのは二十二日の夕方であった。

戦死者は、松本藩五人、高島藩六人、そのほか多くの負傷者をだした。

遊山気分の長州征伐出兵

文久三年(一八六三)八月、会津・薩摩などの公武合体派が、長州藩など攘夷勢力を京都から追い出すと、元治元年(一八六四)七月十九日、長州藩は、再び京都挽回をはかるために御所に兵を向ける禁門の変を引き起こした。

八月二日、幕府は長州藩追討の勅命をうけて、西国二一カ国に出兵を命じ、将軍自ら軍をすすめた。これが第一次長州征伐である。

松本藩は、このとき後備えを命じられた。

十一月十八日、総勢一五万の軍兵で総攻撃することが報じられると、長州藩は戦争をさけて恭順する意思を示した。

しかし、その後、長州藩は再び高杉晋作などの正義派（攘夷派）が藩権力をにぎり、恭順の方針を変えて、幕府と対決の姿勢を示した。

幕府は、慶応元年(一八六五)四月十三日再び諸藩に長州征伐出兵を命じた。これが第二次長州征伐である。信濃諸藩は、四月中に上田軍一一七二人が出兵し、高遠藩は五月一一九六人が出発している。

松本藩は第一次と同じように将軍の後備えを命じられた。将軍の出発が慶応元年の五月十六日であったから、松本藩の主陣が、江戸呉服橋の江戸屋敷を出発したのは半月遅れの閏五月六日であった。出陣といってものんびりしたもので、川崎で四泊、藤沢で四泊、小田原で五泊などと遊山つきで、大坂で本陣と定めた生玉に着いたのは、五十三日目の六月二十八日であった(二木基夫家文書)。

松本からは閏五月十三日から一日おきに友成頼母の一隊、稲村久兵衛隊、林喜左衛門隊が出発している。大坂では、大坂城付近の生玉神社の境内に本陣を設け、

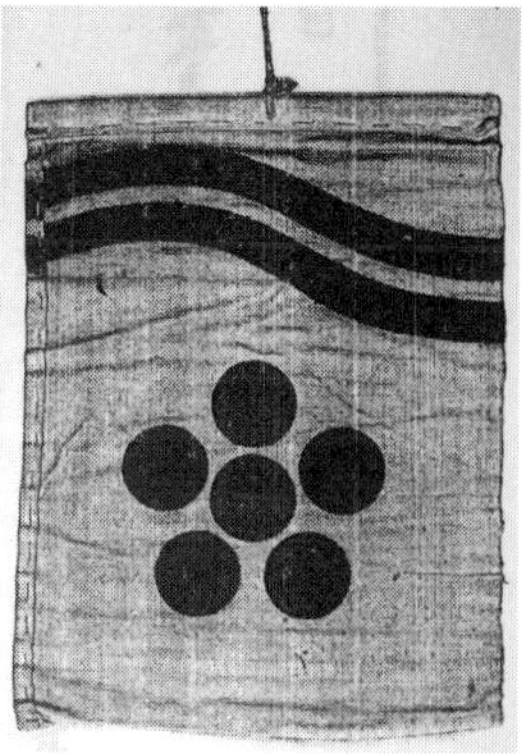
長州戦争出征の軍夫が下げていた藩旗
（二木基夫家文書）

長州戦争出陣兵士の勇姿
（『松本市史』より）

藩士らは付近で借り受けた二二カ寺の寺院に分宿した。松本藩総勢は、およその数で藩士六〇〇人、軍夫五〇〇人の一一〇〇人に及んだ。

幕府が、長州再征を決めたとき、諸大名はもとより諸方面から反対の声があがった。諸藩にとって兵を出すことは財政面から見ても至難の業であった。わけても、前回長州征伐の中心勢力であった薩摩藩は、反対の態度をとったばかりか慶応二年の一月には薩長同盟が成立していた。

慶応二年の五月、幕府は新たな前線基地を広島に移した。しかし、幕府軍の士気は全くあがらなかった。

再征総督となった徳川茂承《もちつぐ》が広島に着いた六月五日の翌日から、戦闘が開始された。幕府の主力軍がおかれた芸州口（広島）は一進一退であったが、石州（島根）口や九州の小倉口はあいついで敗れた。幕府は増員をもとめたため、松本藩もそれに応じて、七月十五日、交代要員と増員兵が松本を出発している。

松本藩兵は征長軍に加わるため、この増員兵とともに大坂の港を七月晦日出発した。総勢八六八人の軍勢が三二艘の船に分乗し、途中播州（兵庫）の室津の湊で暴風雨に襲われ、船の修理もあり、風雨をさけての運航であったから、広島の淵崎《ふちさき》に着いたのは八月十八日であった。ここで一〇人前後のグループに分かれて、漁家に分宿している。同行していた湯ノ原村の庄屋十三郎は、二十四日には広島の城下町を見物している。また淵崎浦では事細かく諸物品の高騰ぶりを書き取っている。ここが戦場だという緊迫した雰囲気は感じられない（曲田昭家文書）。

さてその間、戦闘は幕府軍は連敗をかさね、小倉城が七月二十九日に陥落してからは、幕府軍の敗北は決定的となった。八月二十六日、この時まで伏せられていた将軍家茂の喪を公表し、征長の中止を布告した。

これによって、松本藩勢は帰途につくが、その際城下町の再見物をしたり寺社参詣をしたのち、早い者で九月十七日に病人二七名をふくむ一二一人が淵崎湊を出帆している。殿様の一行は、十月二日淵崎より海上を帰坂するが、途中足を伸ばして金比羅宮や善通寺を参詣したり、屏風が浦を見物して、大坂に着いたのは十五日であった。十月晦日に大坂を出て、松本に着いたのは十一月十五日であった（二木基夫家文書）。

幕府敗退後の藩政急務の自覚は感じられない。

出征軍夫をめぐる村々の動き

元治元年（一八六四）八月、松本藩は、長州征伐を機に、軍夫はもとより莫大な御用金を要請した。御用金の調達なくして出陣など覚束なかったのである。野沢村の庄屋与一右衛門は「近年殿様大坂御詰めにて、物入りかたがたにつき、御才覚金おびただしく仰せ付けられ月々上達」と書いている。

その頃藩から課された御用金は次のとおり。
○文久三年(一八六三)四月後永続金★七万両
○元治元年(一八六四)八月在方五千両　(町方不明)
○慶応元年(一八六五)二月才覚金一千両、四月献金三千両、七月才覚金七万両
○慶応二年(一八六六)四月軍用金七万両、六月軍用金五千両、八月急才覚金一千両
○慶応四年(一八六八)急才覚金三万両、越後出兵六万両、新政府献金一四万両

与一右衛門は先の記録に続けて「御賞志左の通り。庄屋務台与一右衛門帯刀仰せ付けられ、弟丑五郎へ苗字、十左衛門へ御上下《かみしも》(裃)、佐左衛門へ苗字帯刀、仁兵衛へ御上下、その外独《ひとり》御礼★、一統御礼など数多くこれあり候」などと書いている。この頃になると、もうほとんどが賞志(賞賜)と引き替えの献金であった。

この御賞志の献金規定は、安政五年(一八五八)に改定され、文久三年(一八六三)にはさらに得やすく少額に改定された。一統御礼は一〇両、独御礼は二五両、苗字は四〇両、御上下は五〇両、帯刀は一〇〇両などとなっている。

一方、樋橋戦争の負戦《まけいくさ》で辛酸をなめた軍夫の選出は、簡単にはいかなかった。命がけの仕事であったからである。藩方の記録には、「軍夫や雇人足など至って払底して日雇料など格別に高値となり御入用費はいよいよ嵩《かさ》んだ。先方で臨時の

▼永続金
名目は藩への預金。村の困窮時には払い戻す約束。

▼独御礼
殿様の前で一人で御目見えすること。

雇いこみもできるが、この中に敵方の忍人足が混じりこんで放火乱暴される風聞もあり」（曲田昭家文書）などとあって、どうしても地元の軍夫・人足が必要であった。

藩は、長州征伐を前にして庄屋を集めて規定をつくらせた（「御用留帳」）。

○軍夫の村割りは、石高割りではなく人高割りとする。

○二〇歳から五〇歳までのくじ取りで決める。ただし、傷病者や村役人・口留番・湯守・御用達・庄屋の嫡子などはのぞく。

○勤務は半年替わり。給金は年間一〇両であったが、半年一〇両とする。

○病死等のときは手当金一二両、怪我のときはその軽重によって手当をだす。

○軍夫戦死のときは、長立役の家格に引きあげる。などなど。

このように、給金を上げ、年限を定め、死傷者補償などの対策をとった。しかし実際は、準備手当金は村が補助し、一人分の給料は一八両余りにもなったという。

世均し・世直しの木曾騒動

慶応二年（一八六六）八月十七日、物価高騰をきっかけに木曾騒動が起こった。開国による商業の発展は貧富の差を拡大し、長州戦争や御用金の徴収は、安政

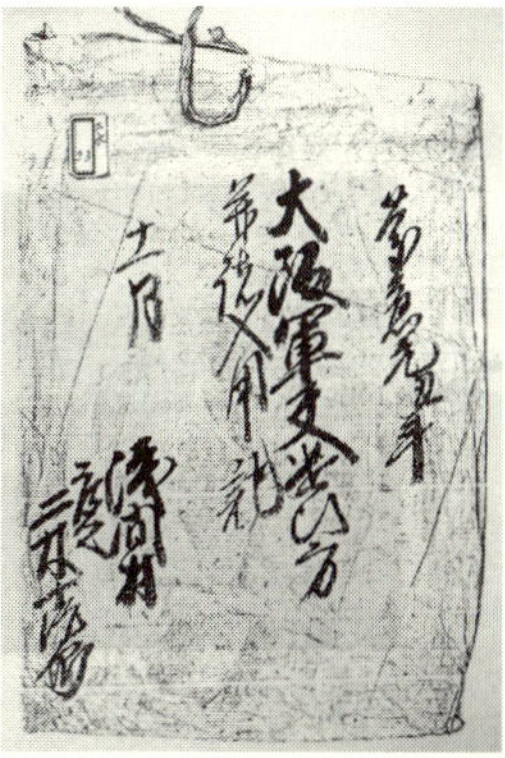

大坂軍夫の浅村庄屋の記録帳袋（二木基夫家文書）

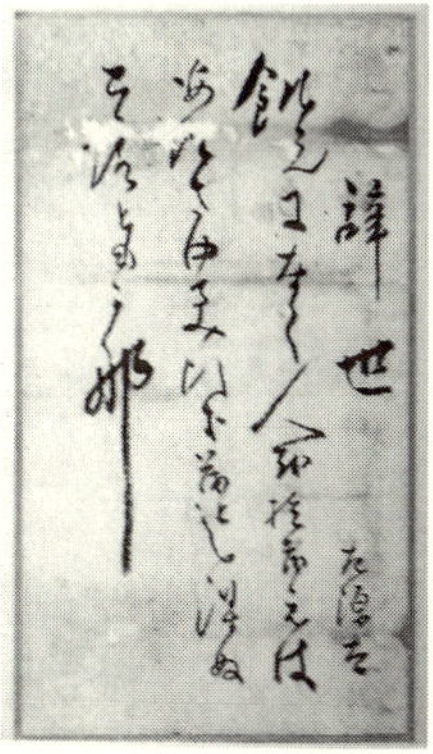

丸山左源太の辞世の歌（『写真塩尻市』より）

三年（一八五六）以来上昇を続けてきた物価をさらに引きあげて、慶応二年にはその最高値に達した。

慶応二年の様子を、湯ノ原村の庄屋十三郎は、次のようにいう。

「春中雨が降らず、大麦は大違い。四月中旬にもなって霜が降り、大霜が降り続いた。麦田の出来が特別に悪く、畑方は大麦・小麦ともに違い、村々では雨乞いをした。四月二九日になってようやく少々の雨が降った」（「風雨晴雲録」）

そして、八月の値段は、白米一両に一斗五升、麦ひき割り一升三〇〇文（「庚申帳」）と跳ね上がり、「米など売るものは見合わせ、買う人は多分これあり」（与一右衛門「年譜雑記」）と、買う人はいるが売る人なしといった状況が続いた。

特に、木曾への入り口、洗馬・本山宿から木曾街道一帯の道筋には、旅籠屋をはじめ人や物資の輸送にかかわる人たちがたくさん働いていたから、米不足は深刻であった。頭取となった左源太は、当時中山道洗馬宿の旅籠屋を営み運送業にかかわる人たちの世話人でもあった。思いあまった左源太は、買い占めをしている穀商や酒造業者への米売り渡しを求める強訴を、宿内同志の伝右衛門とはかって、組中の者と申し合わせた。近郷はもとより木曾街道筋の者にも呼びかけ、慶応二年八月十七日午後八時を期して、新福寺境内に集合し、鉢巻きをして手ぬぐいで顔を包み、棒や斧をもってときの声とともに押し出した。

これが木曾騒動第一波の始まりである。騒動はその後、第二波、三波、四波、

初市以上の御札降り騒ぎ

慶応三年（一八六七）七月の中頃からは、翌年にかけて奇妙な御札降りの騒ぎが起こった。御札が天から降ってきたといって、そのお祝いに酒食のもてなしをうけたり、「ええじゃないか、ええじゃないか」などというはやしことばで踊り狂う狂乱の騒ぎが、東海道吉田宿（豊橋市）付近の村から起こって、近隣諸地域一帯に爆発的にひろがっていった。

信州への広がりには、伊那谷を北上したものや、中山道から入ってきたものなどがある。松本の御札降りは十一月一日伊勢町と本町で降り始め、二日・三日・四日と市中に降り続いた。

下横田町名主の覚書によると、かなり激しく騒がしいものであった。

「一日頃から城下町のところどころに御札やお守り、あるいは掛け物用の品々などさまざまなものが降って賑々しい事態となった」

とあり、この騒ぎは四日になっても続き、この日も

「本町・中町・伊勢町・博労町・飯田町の五町はいたって騒々しく、降った家々には表に青竹を飾り、店には宮風の飾りつけをして、来る人々には酒食を差し出し、中には幟を立てたり吹き流しを

五波と続いた。

彼らは、「上神林村庄三郎方へ米穀融通の掛け合いにまかりこし候」と、野口庄三郎を最大の攻撃目標にして、路順の村々に参加を呼びかけつつ、酒造業や穀屋を営む豪農商家に押し入り、「同意しなければ家や米蔵を打ちこわす」と強談し、酒食を強要し、米売り渡しの米証文をとったり、時には打ちこわしを強行していった。

この騒動の参加者は、木曾入り口の塩尻地域から木曾街道筋の人々が中心であったが、行く先村々の参加者も多く関係村は五所領五一カ村にわたり、総勢二〇〇〇人は超えていた。襲撃をうけた家々は一〇五軒、捕縛されて入牢した者九六人、そのうち牢死した者は一六人を数えた。頭取の左源太や伝右衛門は、唐丸籠で江戸に送られ、左源太は鈴ヶ森の刑場で打ち首、伝右衛門は取り締まり最中に牢死した。

この騒動を記録した「ちょぼくれ」は、今度の騒動で、女房や子どもを助けろという神の指図で動いたあまたの人々は世直し様であるといい、酒造家や穀商らを打ちこわし米証文を書かせた行為のなかには、買い占めや富者への制裁であるとともに富の再分配を求めた「世ならし（均し）」の意識がみられる。

一方、騒動後の世の中としては「明けて来春卯の年になったら五穀成就、お米十倍、交易みな止め、万年豊作、天下は泰平、国家安穏」の新しい泰平の御代を

立てて、初市よりよほど騒がしい様子であった。お札降りの家の亭主は、まるで犯人のように見られ、今日まで降らなかった者からは笑われ、翌日になって自分の家に降ると今度は犯人になり替わってしまうという、何とも変事なことで、誠に前代未聞《ぜんだいみもん》のことである。お札降りの様子を近在の村々から見物にきたり、用向きといって来た人々にも各家々では酒を出したので、ほうぼうで飲み歩き大酔いの者が数多くでた。大道に倒れているものもはなはだ多く、男女ともかくの如しであった」

などと書いている。

（『よみがえる城下町松本』）

願うなど、新しい社会の到来を信じた「世直し」変革への期待が込められていた。

このように、この騒動は単なる米騒動というより「世均《よなら》し」「世直《よなお》し」の意識にたった騒動であった。こうした世直し騒動は、明治二年、三年（一八六九～七〇）を頂点に信州の全域に見られた。

戊辰戦争と出遅れた松本藩

慶応三年（一八六七）十月十四日、将軍徳川慶喜《よしのぶ》は朝廷に大政奉還を行い、翌日には勅許が下りた。しかし江戸幕府は制度としてはなくなっても、最大の領地と軍事力を持ち次期政権をねらっていた。

薩摩藩や長州藩は、そうした徳川を倒すためにクーデターを起こして、十二月九日王政復古の大号令を発して新政府を樹立した。新政府は、あくまで徳川の領地返還を求めるという厳しい対応によって、旧幕府側との対立は深まり、慶応四年一月武力対決となった。京都の鳥羽・伏見の戦いで薩摩・長州の連合軍に敗れた徳川慶喜が大坂を去ると、これを機に西日本の諸藩はいっせいに新政府側に恭順の意を示した。新政府は、朝敵となった徳川や新政府に従わない諸藩を追討する東征軍を派遣した。この一連の戦いを戊辰戦争と呼んでいる。

東征軍は東海・東山・北陸の三道に分かれて発進し、信州には岩倉是定《ともさだ》総督の

お国自慢

ここにもいた松本人
近世・近代日本を彩る松本出身者たち

他県に転じて権知事・権令となる
小松彰《こまつあきら》（一八四二～一八八八）

松本藩医小松齢司の子、六九町に生まれる。幼児より神童の評があり、崇教館に学ぶ。一七歳の時、藩主光則より江戸留学を命ぜられ、塩谷宕陰や古賀謹堂の門に入り学業を積む。越後の河井継之助と深交を結び、更に松代で佐久間象山の薫陶を受ける。象山が京に上るや行動をともにし、象山が奇禍に遭ったとき、我が身に災難の及ぶをおそれて戸田家ゆかりの正親町三条家に身をよせ難をのがれた。松本藩では藩士の多賀努と共に周旋方を命ぜられたが、意にそわなかったのであろう。江戸に赴き、薩長の知人を頼ってその地位を築き、明治二年倉敷県判事、三年には生野県権知事、四年豊岡県権令、五年豊岡県令、更にこの年文部省会計課長となる。しかし、明治九年には官を辞して、以後商業界にすすみ、東京株式取引所創設に努力した。明治十一年には、株式取引所の頭取に推されその職に就く。明治二十年、両毛鉄道敷設の事業を計画し創始とともに取締役に選任される。

東山道軍が入ってきた。東山道軍は、早くも慶応四年（明治元年）一月十七日には松本藩預所の幕府領を、いち早く帰順した尾張藩預かりとする支配替えを決定し、二月には岐阜の大垣に達していた。

しかし松本藩は、ここに至ってもなお藩論は分かれまま、佐幕と帰順をめぐってさまよっていた。

佐幕か帰順かで大揺れの松本藩

慶応四年（一八六八）二月二十九日、東山道軍はもう木曾街道まできていたが、その日の朝の四時頃、士分以上一七歳以上の者全員が二の丸書院に呼び集められた。新政府軍に帰順するか、主家徳川に殉ずるか、その最終決定をする会議であった。

藩主光則《みつひさ》が上段に座し、家老野々山四郎左衛門が口上を述べた。

「今般、天皇御親政が仰せ出された。岩倉殿が東山道総督兼鎮撫使として関東討伐の勅命をうけ、下向となった。松本藩に向かっても勤王を遵奉《じゅんぽう》すべしと御達しがあった。しかし、本藩は徳川家の譜代であり、一層の誠意をもってつくさなければ、疑いを解き難いときとなった。勿論、殿様はじめ一藩誰もが勤王の志にかわることのないことは勿論であるが、三河以来の主筋たる徳川家に対して発砲討伐のことは、臣下の情義として忍びがたい。さりとて勅命に違背することはなおさらなりがたい。この進退両難の場合において、家来の儀ここに流浪の身となることは不便ながらも開城して、御領地を天朝に返上し一同浪人となるか、それとも主家の徳川が朝敵となった今は、徳川と手を切って勅命を遵奉し官軍となって働くべきやいなや、めいめいの衆議によって帰着することをもって、殿様にご裁断を仰ぎたい。この際、忌憚なく論議を尽くしてほしい」

並みいる諸士は、みな傾聴したのち、さまざまな議論が沸騰したが決着は見なかった。夜に入って、番頭《ばんがしら》が「よんどころない場合であるから官軍の奉迎に御裁断を」と述べると、直ちに「よんどころなきとは、いかなる場合ぞ」と反論が沸きあがり、夜も十一時になろうとしていた(旧『松本市史』)。

藩主戸田光則は、この時すでに決していたのである。藩論収拾のためにこの機会が設けられたものであった。すでに二月十日、家老代の増田万右衛門が大垣に赴いて、藩主帰順の口上書を提出していたのである。

二月三十日には、木曾を通過して本山宿に宿泊していた岩倉総督に、藩主自らが謁見《えっけん》し勤王の誓約をした。しかし、態度の決定が遅れたとして、松本藩は高島・高遠・飯山藩とともに謹慎を申しつけられた。総督は謹慎を命じた上で、官軍に対する忠誠と負担を命じた。官軍通行の軍資金の献上や兵糧の拠出、人馬の動員、警護の勤務などを命じたのである。

遅れを取り返すための松本藩の負担は、木曾五宿と諏訪六駅さらには和田・長窪の二駅を分担した。三月十八日に謹慎が解かれたものの、総督府の命令で軍資金として四月に一万五〇〇〇両を献上し、七月にも一万五〇〇〇両の合計三万両を上納している。一方、四月には板橋から下野に出兵し、北方では飯山戦争に出兵、その後越後長岡藩と戦い、会津へと転戦した。

版籍奉還と御一新の村役人入札制

明治新政府は、戊申戦争後再び諸藩による割拠の体制に戻ることを心配して、明治元年(一八六八)十月「藩治職制」★制を定めた。松本藩はこの制度によって第一次の藩政改革を実施した。資金集めのために、一〇〇両とか五〇両の献金で村役人の増員をはかった。

明治二年に入るや政府は、旧い体制を廃する版籍奉還をすすめた。松本藩は直ちにこれに応じ、六月には戸田光則は知藩事に任命された。それに伴い第二次の藩政改革が行われた。続いて明治三年十月には第三次の藩政改革も実施されたが、藩組織の上では複雑な機構改めがなされたものの従来の制度と大きく変わることはなかった。

しかし、民政の上では否応なしに改革が要請された。

▼藩治職制
まちまちであった諸藩の職制を基準を設けて統一し、政府の統制を進めた。

明治二年八月松本藩預所の幕府領（伊那郡に入る）では、焼き討ちや打ちこわしを伴った激しい会田組騒動★や坂北組騒動★が起こり、伊那郡の改革はこの世直し騒動への対応として始まった。物価の混乱を引き起こした太政官札《だじょうかんさつ》★や二分金★不通用の対策としては、信濃県藩会議が開かれて小額紙幣が発券されたり、伊那県商社も設立された。

松本藩は、村政の上では、「御一新につき」として、村役人の入札制をしき、大庄屋の組惣代への名称替えを行い、村財政公正化のため監査役として入札制で百姓惣代を置いた。一方では難渋者救済の御手当を支給し、組ごとに貧院も建てている。役家筋による世襲制をとってきた松本藩にとっては、入札制はまさに大改革であった。藩民にとっては御一新の実感であった。

廃仏毀釈と文化財の破却

明治三年（一八七〇）の一月、明治新政府によって神道を国教化する詔勅が出されると、松本藩の戸田光則《みつひさ》は、藩政改革の一環として直ちにこれに呼応して、八月には太政官弁官宛に「松本藩知事神葬実施並びに無檀無住寺院廃棄願い」を出して、自ら神葬祭に改め、菩提寺であった全久院を無檀化して廃棄することを決している。十月には、藩内の士族に対して神葬祭への改典を説諭している。これ

▼会田組騒動
幕府領会田組に起こった打ちこわしの世直し騒動。

▼坂北組騒動
会田組の隣、坂北組に起こった世直し騒動。焼討ち・打ちこわしの家、二七軒を数えた。

▼太政官札
明治元年、新政府が発行した不換紙幣の金札。価値が下落した上、高額の紙幣のため不融通となり経済は大混乱となった。

▼二分金（チャラ金とも）
横浜輸出生糸の売上金や、東山道軍の通行に伴う支払金に、粗悪な贋二分金が混入していて通用しなくなり、経済はさらに混乱した。

坂北組騒動における張り札七カ条
①米穀高値につき百姓一同餓死のこと
②二文金不通用につき難渋のこと
③御年貢金地相場にて取り立て難渋のこと
④三カ年免直り増米極難渋のこと
⑤田方御年貢皆無嘆願のこと
⑥村々金持ちの者高利難渋のこと
⑦村々三役人御廃止のこと

によって一般庶民の神葬祭への転換、寺院の無檀化、僧侶の帰農、寺院の廃寺などが一気に進み、更にこの気運は、すさまじい勢いで寺院の破壊活動となって周辺へと広まっていった。檀家の離檀によって存在基盤を失った寺院は次々と廃寺願いを出し、松本藩領内一八〇カ寺のうち一四〇カ寺が廃寺となった。

浄土宗や浄土真宗の中には、下横田町正行寺の住職佐々木《ささき》了綱《りょうこう》のように、上京して、この施策が新政府の意図とは必ずしも合致したものではなく、松本藩の独断専横の施策であることを突きつめ、藩命に抵抗した者も数多くいた。彼はさらに同宗寺院と連携しながら本山を動かし廃寺を阻止しようと活動した。

この廃仏毀釈の運動は、その後明治四年の太政官からの寺院帰農緩和の通知と七月の廃藩置県による松本藩の消滅によって次第におさまっていった。

この廃仏毀釈の運動は、一方的、強引にすすめられたために、建築・仏像・仏画その他貴重な文化財が数多く破却されてしまった。

松本、近代の出発

天保の改革以来、文武の稽古のあとは、心持ち次第、実学第一に心掛けることとして実学を奨励したので、わずかに役人登用の道も開かれていた算術・測量術を学ぶ関流には、足軽たち下級武士の門下生は二〇〇〇人を超えた。その毎日の

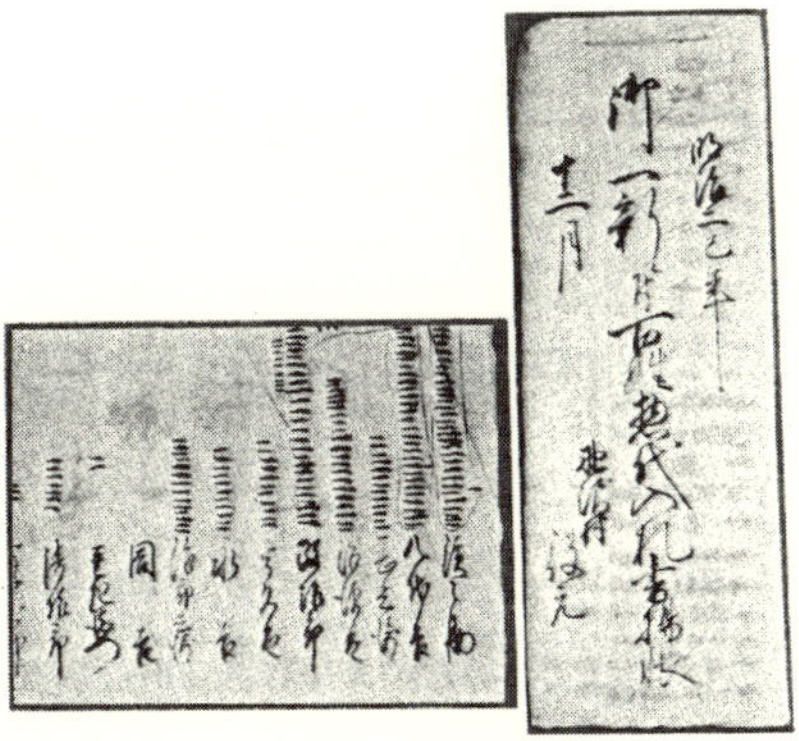

百姓惣代入札書上帳と
百姓惣代入札の様子
（務台久彦家文書）

平均出席者は六〇人ほどにすぎなかったが、しかし、その免許皆伝者数は一三四人に及んだ。また一方、医学を志す者も非常に多かった。私塾のなかから近代を支えていく有能な吏員や医学生が輩出した。

明治三年閏十月、崇教館が藩学となってからは、それまでの武芸諸流派の武芸所は廃止されて、藩学に吸収された。藩学では、和学・漢学・筆道・兵学などのほか算術・医学なども九科のなかで修められるようになった。ここに至ってようやく上士・下士の身分差は取り払われ生徒数は三六〇人を超えた。

しかし、医学をめざす者は二、三年の修学ではとても堪えられないとして、明治四年一月、医学はここから分離独立した。そして廃寺となった全久院を病院として医員を抜擢し庶民の治療にあたらせた。十月には松本県立病院として上士の士族屋敷が下付され、病院をここに移し、医員を養成する医学科を設けた。患者数は、明治四年の十月から十二月までで八七二人、明治五年の一年間で二三五〇人を数えた。六年には医学校と病院を兼ねた医黌兼病院を設立している。

全久院の跡には、文明開化のシンボルとなった開智学校が住民の拠出金によって建てられた（明治九年）。

明治四年七月、政府による廃藩置県の実施によって、松本藩はなくなって松本県となった。藩知事の戸田光則はその職を解かれ、華族となって東京に移住した。十一月には松本県のあと筑摩県がしかれ、県庁は松本城二の丸におかれた。中央

「長野県町村誌」の開智学校絵図

▼永
金貨計算のための擬制貨幣で、金一両＝永一貫文とおいて、換算しやすくしたもの。

からは筑摩県参事として永山盛輝が赴任してきた。こうして中央集権の体制へと置き換えられていった。

それとともに、松本城の楼櫓門塀は破却され、明治五年一月には、天守以下城郭建築物は競売に付された。天守は、二三五両一分と永★一五〇文で笹部の六左衛門が落札した。当時下横田町の副戸長であった市川量造は、このような貴重な文化遺産は、断じて取り壊すべきではないとして、幾度か筑摩県参事永山盛輝に建言を重ね、同志を募って献納し、ついに落札者から借り受けることに成功して、松本城を解体から救った。

明治十三年の「御巡幸松本御通図」には、六九町から三の丸にかけての武家屋敷の跡に、開産社をはじめ新聞社・警察署・電信局・郡役所、遠くには裁判所・師範学校などと近代的な建物が林立し、その頂点に松本城天守が大きく描かれている。

松本の近代は、城郭や寺院や武家屋敷のこうした破却の上に、県都・郡都・学都として出発した。城下町も都としての市場構造に転換していくこととなる。

明治十三年天皇御巡幸の御通図
（松本市立博物館蔵）

あとがき

すでに多くの市史誌や町村誌が執筆され、当地域の村の歴史や町の歴史は非常に充実してきた。わたくしも幾つかの執筆の機会をいただいてきた。こうした地域史研究が進む中で、やはり取り残されてきたものは、大きくいえば武士の歴史であろう。支配の政治といった枠組みでいえば、民政改革は取り上げられても家中改革や家臣団の研究はまだまだの感がある。

これには、戦後歴史学の研究動向によるものもあるが、また地域史研究そのものの研究視角からしてもなじみにくいものがあり、そのもっとも大きな理由は武家文書史料が容易には入手できなかったことがあげられる。

こうした遅れを取り戻すために、松本市史編纂の近世部門編集委員会では、十年ほど前、「松本藩の史料」とか「松本藩士の日記」の『調査報告書』第三集・四集・五集が発刊されてきた。この「松本藩士の日記」はまだ未公開の部分が多いし、諸家蔵史料にもまだ眠っているものもかなりある。

今回、「松本藩物語」というテーマを頂いて、当初は町や村の歴史を盛り込んだ藩政全体から降りてくるテーマを考えていたが、今まで未解析のままでいたそうした武家史料と対峙する中で考えが変わってきた。ここでは、歴代の松本藩主二二人を追うかたちで藩政リーダーたちの松本藩政史を、新しい史実の発見やエピソードなども盛り込みながら叙述させていただくことにした。

その場合、本「シリーズ藩物語」制作の主な意図が、藩の個性とか意識の抽出におかれているので、そうした意図に立ちながらも、さらに従来とは違った視角を持って事象を取り上げることができないものかと苦闘してきた。江戸時代の歴史は、その見直しがすすんで近年いっそう豊かになってきたから、歴史を考えることは楽しい。こんなことも本書の興味の一つに加えていただければありがたい。

本書の叙述においては、肝心なところは史料に語ってほしいという願いからであるが、研究的にも客観性を持たせたかったために、文中には引用書きが多くなってしまった。読みにくい面もあるが、ご寛容頂きたい。

この『松本藩物語』が、江戸時代松本の歴世の記憶を紡ぎながら、地域の理解に役立つことがあれば、望外の幸せとしたい。

現代書館の菊地泰博さんには、本シリーズの一書として『松本藩物語』執筆の機会を与えて頂いたこと、心より感謝申し上げます。

参考文献

松本市役所編『松本市史上・下巻』（松本市役所 昭和八年）
松本市『松本市史 第四巻市町村編Ⅰ』（松本市 平成七年）
松本市『松本市史 第二巻歴史編Ⅱ近世』（松本市 平成七年）
東筑摩郡・松本市・塩尻市郷土資料編纂会『東筑摩郡・松本市・塩尻市誌第二巻歴史下』（東筑摩郡・松本市・塩尻市郷土資料編纂会 昭和四三年）
東筑摩郡・松本市・塩尻市郷土資料編纂会『東筑摩郡・松本市・塩尻市誌別篇人名』（東筑摩郡・松本市・塩尻市郷土資料編纂会 昭和五十七年）
南安曇郡誌改訂編纂会『南安曇郡誌 第二巻下』（南安曇郡誌改訂編纂会 昭和三十七年）
『松本史料叢書第参拾六 世々のあと』（松本市立図書館蔵）
『松本史料叢書第参拾七 雑事実記』（松本市立図書館蔵）
『松本史料叢書第参拾九 本国事記』（松本市立図書館蔵）
信濃史料刊行会『信濃史料 第十五巻』（信濃史料刊行会 昭和四十四年訂正重刊）
信濃史料刊行会『新編信濃史料叢書第五巻』（信濃史料刊行会 昭和四十八年）
信濃史料刊行会『新編信濃史料叢書第六巻』（信濃史料刊行会 昭和四十八年）
長野県『長野県町村誌南信編』（長野県 昭和十一年）
長野県『長野県史近世史料編 第五巻（一）中信地方』（長野県史刊行会 昭和四十八年）
長野県『長野県史近世史料編 第五巻（二）中信地方』（長野県史刊行会 昭和四十九年）
長野県『長野県史近世史料編 第五巻（三）中信地方』（長野県史刊行会 昭和四十九年）
松本市史近世部門編集委員会・松本市史編さん室『松本市史歴史編近世部門調査報告書第3集―松本藩の史料―』（松本市 平成八年）
松本市史近世部門編集委員会・松本市史編さん室『松本市史歴史編近世部門調査報告書第4集―松本藩士の日記―』（松本市 平成八年）
松本市史近世部門編集委員会・松本市史編さん室『松本市史歴史編近世部門調査報告書第5集―松　本藩士の日記―』（松本市 平成八年）
塩尻市誌編纂委員会『塩尻市誌第二巻歴史』（塩尻市 平成七年）
本城村誌編纂委員会『本城村誌歴史編』（本城村誌刊行委員会 平成十四年）
三郷村誌編纂委員会『三郷村誌Ⅱ第二巻歴史編上』（三郷村誌刊行会 平成十八年）
松本市教育委員会文化課『松本のたから』（松本市教育委員会 平成十年）
松本市立博物館『松本城の歴史』（松本市立博物館 ２００１年）
金井圓『藩政成立期の研究』（吉川弘文館 昭和五十年）
金井圓『近世大名領の研究―信州松本藩を中心にして―』（名著出版 昭和五十六年）
千原勝美『信州の藩学』（郷土出版 昭和六十一年）
松本城下町歴史研究会『よみがえる城下町・松本』（郷土出版社 ２００４年）
中川治雄『図説国宝松本城』（一草舎出版 ２００５年）
田中薫『松本領貞享義民一揆の実像』（信毎書籍出版センター ２００２年）
田中薫「近世犀川の川漁と鮭漁」『信濃』五一巻第二号（信濃史学会 平成十一年）
田中薫「近世松本城下町成立期の様相」『信濃』五一巻第九号（信濃史学会 平成十一年）
田中薫「城下町松本町の地子免除と町共同体」『信濃』五七巻第十二号（信濃史学会 平成十七年）
田中薫「松本七夕人形の生成」（『長野』第二四四号）（長野郷土史研究会 平成十七年）
田中薫「松本城とその周縁に住む人々の生活と生業」『松本市史研究』第十三号（松本市 平成十五年）

カバー図版・協力者

松本市教育委員会

田中薫（たなか・かおる）
一九三五年（昭和十）長野県長野市生まれ。地域史研究家。松本市在住。
教職生活の傍ら『塩尻市誌』や『松本市史』『本城村誌』などの執筆に携わる。
著書に『近世村落の動向と山中騒動の研究』・『松本領貞享義民一揆の実像』など。

シリーズ藩物語 **松本藩**

二〇〇七年五月十五日　第一版第一刷発行

著者――田中薫
発行所――株式会社 現代書館
東京都千代田区飯田橋三―二―五　郵便番号102―0072
電話03―3221―1321　FAX03―3262―5906　振替00120―3―83725
発行者――菊地泰博
組版――エディマン
装丁――中山銀士＋杉山健慈
印刷――平河工業社（本文）東光印刷所（カバー、表紙、見返し、帯）
製本――越後堂製本
編集協力――原島康晴
校正協力――岩田純子

 ISBN978-4-7684-7108-1

http://www.gendaishokan.co.jp/

江戸末期の各藩

松前、八戸、七戸、黒石、弘前、**盛岡**、**一関**、秋田、亀田、本荘、秋田新田、仙台、松山、**新庄**、庄内、天童、長瀞、山形、上山、**米沢**、米沢新田、相馬、福島、二本松、三春、**会津**、守山、棚倉、平、湯長谷、泉、村上、黒川、三日市、新発田、村松、三根山、与板、**長岡**、椎谷、高田、糸魚川、松岡、笠間、宍戸、水戸、下館、結城、古河、下妻、府中、土浦、麻生、谷田部、牛久、大田原、黒羽、烏山、高徳、喜連川、宇都宮、壬生、吹上、足利、佐野、関宿、高岡、佐倉、小見川、多古、一宮、生実、鶴牧、久留里、大多喜、請西、飯野、佐貫、勝山、館山、岩槻、忍、岡部、川越、沼田、前橋、伊勢崎、館林、高崎、吉井、小幡、安中、七日市、飯山、須坂、松代、上田、小諸、岩村田、田野口、**松本**、諏訪、**高遠**、飯田、金沢、荻野山中、小田原、沼津、小島、田中、掛川、相良、横須賀、浜松、富山、加賀、大聖寺、郡上、高富、苗木、岩村、加納、大垣、高須、今尾、犬山、挙母、岡崎、西大平、西尾、吉田、田原、大垣新田、尾張、刈谷、西端、長島、桑名、神戸、菰野、亀山、津、久居、鳥羽、宮川、彦根、大溝、山上、西大路、三上、膳所、水口、丸岡、勝山、大野、福井、鯖江、敦賀、小浜、淀、新宮、田辺、紀州、峯山、宮津、田辺、綾部、山家、園部、亀山、福知山、柳生、柳本、芝村、郡山、小泉、櫛羅、高取、高槻、麻田、丹南、狭山、岸和田、伯太、豊岡、出石、柏原、篠山、尼崎、三田、三草、明石、小野、姫路、林田、安志、龍野、山崎、三日月、赤穂、鳥取、若桜、鹿野、津山、勝山、新見、岡山、庭瀬、足守、岡田、岡山新田、浅尾、松山、鴨方、福山、広島、広島新田、高松、丸亀、多度津、西条、小松、今治、松山、新谷、大洲、吉田、宇和島、徳島、土佐、土佐新田、松江、広瀬、母里、浜田、津和野、岩国、徳山、長州、長府、清末、小倉、小倉新田、福岡、秋月、久留米、柳河、三池、蓮池、唐津、佐賀、小城、鹿島、大村、島原、平戸、平戸新田、中津、杵築、日出、府内、臼杵、佐伯、森、岡、熊本、熊本新田、宇土、人吉、延岡、高鍋、佐土原、飫肥、薩摩、対馬、五島

★太字は既刊

江戸末期の各藩
（数字は万石。万石以下は四捨五入）